保険医の指導・監査問題とその解決

—— 解決に向けた具体的提案 ——

大島健次郎 ［著］
Oshima Kenjirou

［協力］神谷慎一 弁護士

青林書院

まえがき

　保険医に対する指導・監査における問題点とその対処法がまとめられた，保険医必携の一冊である。

　指導・監査の関連法規としては健康保険法やいわゆる療養担当規則が挙げられるが，まず，これらの規定が曖昧であることから問題が生じる。それに加え，指導・監査を行う側と受ける側が法律を知らずに指導・監査を行うことから，現場での混乱が繰り返し起きている。指導・監査を行う側の行政官は，法律に基づかず，場合によっては恫喝などの違法行為を行い，受ける側の保険医は，これに対する法的な対処法を知らない結果，保険医が自ら命を絶つ事態が生じていることは由々しき事態である。

　本書では，このような問題に対し，制度上の問題から丁寧に解説したうえ，上記のような問題のある指導・監査への具体的な対処法として，弁護士帯同を挙げている。指導が「指導と名づけられた監査であることを認識すべき」，「監査の場での暴言の抑止や監査記録の保存や手続上の意義の確認などで弁護士は大きな役割をしてくれる」とする指摘は正鵠を得ている。

　保険医であれば現実に直面しうるこのような問題に対し，本書のように高い水準でまとめられた書籍は他に類を見ない。臨床の先生方に是非読んで頂きたい一冊である。

　　平成27年8月

　　　　　　　　　　　　　　　浜松医科大学　医療法学教授

　　　　　　　　　　　　　　　　　　大　磯　義一郎

推 薦 の 辞

　保険請求は大学や病院では保険医より，むしろ主として医療事務職員の扱う業務である。そのため指導・監査問題について筆者に前書きを求められたが，私自身は病理の専門医でもあり，本書を読むまでは保険医の重大な問題であることの認識はあまりなかった。本書では保険医が診療報酬請求に対して細心の注意を払うも，なお，保険医取消処分を受けかねない状態にあることや，順調に運用されていると考えていた保険医療制度に大きな問題があることが良く理解できる。同時に，医療者が関係法令の造詣に乏しく，基本的人権の視点からは，保険医は軽んじられているようにも感じる。

　医療界の自立と自律は専門学会のみでは確立できないものであり，現場の医療者全てが参加し，それに向けた真摯な議論が必要であろう。また，患者の人権の保護が叫ばれる時代に，保険医が保険医自身の人権を自ら守れないようでは困ったことである。本書をきっかけに，指導・監査制度がより良いものになり，保険医が安心して患者の診療に集中できる保険医療制度が構築されることを望みたい。

　平成27年8月

前岐阜大学学長

森　　秀　樹

はじめに

　保険医，特に開業医の医業収入に対する国民の声は批判的です。そのため，保険診療の内容を厳しく調査し，適正を欠く診療を防止せよとの国民の声は少なくありません。指導・監査は保険診療内容の適正と診療報酬請求の適正を担保する目的の行政活動です。この活動は適正医療に必要な一面はありますが，一方において，過剰に展開された場合，委縮医療を招く保険診療に対する負の一面をもっています。また，医療費枯渇の状況を反映し，医療費削減を目的として指導・監査が目的外利用されている一面もあることにも注目したいところです。
　医療の現況は高齢者の増加による医療需要の増加，医療技術の進歩に伴う費用の高額化が生じています。それに対し，国家の政府債務残高は1000兆円を超える状況にあり医療財源も限られつつあります。そのため，保険財源の有効利用に向けた圧力は日増しに強まっています。費用対効果を実現するため，医療の選択と集中が進んでいます。そのため，保険請求は過度に複雑となり，同じ診療内容であっても保険医の資格や施設・提供方法により診療報酬に違いがあり，保険医のみならず受診する患者にも錯誤を生じやすい状態にあります。こうした状況下で，適正な医療を担保する保険指導・監査の役割の重要性が高まってきています。
　医療は高度専門性があり国民にわかりやすいものではありません。保険財源の視点で構築する保険医療は医療の専門性を十分には反映しません。医療現場の保険医自身が自らも運用しやすく国民にもわかりやすい医療保険制度とその制度維持機能を作り出さなければ，この国の医療の劣化は免れ得ません。保険請求の審査と指導・監査が現況の保険医療制度の維持を行ってきていましたが，保険医は必要な医療の減点査定に対して不満があり，指導・監査でも自殺者を生む状態があり，日本弁護士連合会の意見書が出るほど，平穏と考えがたい状態にあります。医療の現場で活躍する保険医が全力を出して働ける指導・監査がどのようなものであるかを保険医自身が示す必要があると考えました。保険医は法を理解せず，弁護士は医療を理解せず，この問

題を考えています．医療と法の両面を考え，医師患者関係を大切にした現場の医療を中心にした医療界の確立は健全な保険医療に不可欠です．本書は医療と法を考えた本邦初の指導・監査問題の基本書です．医療界の自立と自律をこの問題を契機に活発化させるべきと考えています．

　出版に当たって，時間のない中，多大な時間をかけ御協力いただいた神谷慎一弁護士に深謝します．

　また，御支援をいただいた高木歯科医院高木千訓院長や御協力いただいた市川外科河合正巳院長，並びに，素案を御検討いただいた岐阜県保険医協会の指導・監査委員の皆様に深謝いたします．

　平成27年8月

岐阜大学臨床教授　大垣徳洲会病院副院長

大　島　健次郎

参 考 文 献

日本弁護士会「健康保険法等に基づく指導・監査制度の改善に関する意見書」（2014年）

大島健次郎・月刊保険診療68巻6号（2013年）

「保険医のための審査，指導，監査対策」月刊保団連1140号（2013年）

大磯義一郎＝加治一毅＝山田奈美恵『医療法学入門』（医学書院，2012年）

八木秀満ほか「保険医のための審査，指導，監査対策」月刊保団連1063号（2011年）

大島健次郎『指導，監査の実際と対応』（岐阜県保険医協会，2010年）

伊藤真『労働法』（弘文堂，2008年）

稲葉馨＝人見剛＝村上裕章＝前田雅子『行政法』（有斐閣，2007年）

樋口範雄『医療と法を考える』（有斐閣，2007年）

『平成18年度重要判例解説』（ジュリスト臨時増刊2007年4月10日号（1332号））

宇都木伸＝町野朔＝平林勝政＝甲斐克則編『医事法判例百選』（ジュリスト183号，2006年）

埼玉県保険医協会『個別指導対策の要点』（埼玉県保険医協会審査・指導対策部，2006年）

森岡恭彦＝畔柳達雄監修『医の倫理』（日本医師会，2006年）

手嶋豊『医事法入門』（有斐閣，2005年）

芝池義一編『判例行政法入門』〔第4版〕（有斐閣，2005年）

松井幸夫「川崎民商事件」『憲法判例百選Ⅱ』〔第4版〕（2000年）

矢崎光圀『法哲学』（青林書院，2000年）

芦部信喜＝高橋和之＝長谷部恭男編『憲法判例百選Ⅱ』〔第4版〕（別冊ジュリスト155号，2000年）

厚生労働省ホームページ（http://www.mhlw.go.jp/）

MEDIAS, 医療施設動態調査（http://www.mhlw.go.jp/toukei/saikin/hw/iryosd/m15/is1501.html）

コトバンク（https://kotobank.jp/）

指導・監査・処分取消訴訟支援ネット（岡山県保険医協会内）（http://siennet.jp/）

目　　次

まえがき
推薦の辞
はじめに
参考文献

第1章　指導・監査の基礎的問題──指導・監査の必要性 …………… 3

〔1〕 医療契約の視点 ……………………………………………………… 3
〔2〕 複雑な保険診療の視点 ……………………………………………… 4
〔3〕 医療の質・専門性・個別性の視点 ………………………………… 5
〔4〕 指導・監査と医療関係法の視点 …………………………………… 8
〔5〕 診療報酬点数表と医療関係法の視点 ……………………………… 9
〔6〕 医療倫理の視点 ……………………………………………………… 11
〔7〕 契約論と診療内容の視点 …………………………………………… 13
〔8〕 労働契約法からの視点 ……………………………………………… 17
〔9〕 診療報酬請求方式からの視点 ……………………………………… 17
〔10〕 社会学的視点 ………………………………………………………… 18
〔11〕 医療界の自立と自律の視点 ………………………………………… 19

第2章　指導・監査の実態 ………………………………………………… 23

〔1〕 全国の実態 …………………………………………………………… 23
　　(1) 全国の審査の実態 (23)
　　　(a) 診療報酬請求の審査から見た各県の過誤請求の実態（医科・歯科全体）(23)　(b) 診療報酬請求の審査から見た過誤請求金額の実態（医科）(24)　(c) 診療報酬請求の審査から見た過誤請求金額の実態（歯科）(24)
　　(2) 全国の指導・監査の実態 (28)
　　　(a) 指導・監査実施件数 (28)　(b) 指導・監査による返還金 (28)　(c) 指導の返還金額の実態 (31)　(d) 監査へ移行すべき返還金額

　　　　　(32)　　(e) 指導の返還金額と件数の検討（33）　　(f) 監査の返還金額の検討（33）　　(g) 保険医取消基準とすべき返還金額と件数（34）　　(h) 本書の基準設定の問題点（34）
　　(3) 指導・監査の地域間格差（35）
　　(4) 保険医取消の返金額とその内容（36）

〔2〕 岐阜県の実態 …………………………………………………… *36*

〔3〕 指導・監査の影響 …………………………………………… *36*

〔4〕 指導・監査の判例とその意義 ……………………………… *37*
　　(1) 溝部訴訟（37）
　　(2) 細見訴訟（39）
　　(3) その他の保険医療機関取消無効請求の事件（40）
　　(4) M歯科医師事件（裁判記録閲覧より）（40）
　　(5) カルテの開示拒否事件（T事件）（42）
　　(6) 伝聞情報での指導返還金事例（43）

第3章　指導・監査のあるべき姿 ……………………………… *45*

〔1〕 保険医の人権 ………………………………………………… *45*

〔2〕 指導・監査の必要性 ………………………………………… *45*

〔3〕 指導・監査の許容性 ………………………………………… *46*

〔4〕 一般社会との接点 …………………………………………… *49*
　　(1) 国民との関係（49）
　　(2) 弁護士との関係（49）
　　(3) マスコミとの関係（50）

第4章　指導・監査問題とその歴史 …………………………… *51*

〔1〕 指導・監査の歴史 …………………………………………… *51*

〔2〕 指導・監査運用基準の変更 ………………………………… *52*

第5章　指導・監査の実態と問題点 …………………………… *55*

〔1〕 診療報酬の保険審査の問題 ………………………………… *55*

〔2〕 指導の問題 …………………………………………………… *58*
　　(1) 指導対象者の選定（59）
　　(2) 指導方法の問題（60）

(3)　制度上の問題（62）
　　　(4)　保険医の意識の問題（63）
　　　(5)　弁護士帯同の必要性（64）
　　　(6)　立会人の問題（64）
　　　(7)　医療関係団体の問題（66）
　〔3〕　監査の問題………………………………………………………… 67
　　　(1)　監査対象者の選定（68）
　　　(2)　監査の方法（75）
　　　　(a)　理由の開示がないこと（75）　(b)　被疑事項以外の調査が行わ
　　　　れること（76）　(c)　提示すべき内容が多いこと（77）　(d)　監
　　　　査期間が長いこと（78）　(e)　監査官の強圧的対応（78）
　　　(3)　制度上の問題（79）
　　　(4)　保険医の意識（80）
　　　(5)　弁護士の帯同（80）
　　　(6)　同僚医師の立会（81）
　　　(7)　医療関係団体と監査対象者との関係（82）
　　　(8)　保険医の自殺と保険医取消の問題（83）
　　　(9)　聴聞と地方医療協議会（84）

第6章　現在の指導・監査の改善策……………………………… 85
　　　(1)　指導・監査の制度（86）
　　　(2)　指導・監査対象者の選定（86）
　　　(3)　指導・監査理由の開示（86）
　　　(4)　指導・監査の方法（87）
　　　(5)　同席者の選定（88）
　　　(6)　行政処分の明確化（88）
　　　(7)　聴　　聞（90）
　　　(8)　地方社会保険医療協議会（90）

第7章　根本的な指導・監査の改善策……………………………… 91

巻末付録　保険医のための関連法規
　〔1〕　憲　　　法……………………………………………………… 98
　〔2〕　刑　　　法……………………………………………………… 102
　〔3〕　刑事訴訟法……………………………………………………… 105

〔4〕民　　法…………………………………………………… *108*
　(1)　総則的規定（*108*）
　(2)　個別的規定ほか（*110*）
　　　(a)　委任契約（*110*）　(b)　請負契約（*111*）　(c)　売買契約（*112*）　(d)　不当利得の返還義務（*113*）
〔5〕民事訴訟法………………………………………………… *114*
〔6〕国家公務員法……………………………………………… *115*
〔7〕地方公務員法……………………………………………… *116*
〔8〕行政手続法………………………………………………… *116*
〔9〕健康保険法………………………………………………… *127*
〔10〕指　導　大　綱…………………………………………… *130*
〔11〕保険医療機関及び保険医療養担当規則………………… *134*
〔12〕医　　師　　法…………………………………………… *144*
〔13〕歯科医師法………………………………………………… *145*
〔14〕薬　剤　師　法…………………………………………… *146*
〔15〕医　　療　　法…………………………………………… *146*
〔16〕労働契約法………………………………………………… *148*
〔17〕個人情報の保護に関する法律…………………………… *149*

事項索引

保険医の指導・監査問題とその解決

――解決に向けた具体的提案――

第1章

指導・監査の基礎的問題——指導・監査の必要性

　保険医療機関等に対する指導・監査の問題は，保険医療を適正運用することを目的とした法を超越した活動から生じています。法を超越する過度な指導・監査は合理性を欠く実施規定から発生しており，合理性を欠く実施規定は関係法令を熟知しない行政官や立会人に恣意的運用の余地を与えます。その結果，指導・監査問題は恣意的運用に対する不公平感と不信を生み出すこととなります。

　指導・監査問題は，合理的基準の設定と恣意的運用の防止を行うことで解決できる問題です。そこで，本書では，そのために欠かせない基礎的な情報を集約し，その必要性を考えてみました。

〔1〕 医療契約の視点

　例えば一般の商品であれば，売り手が商品を示し，相手方がその商品に価値があると考えれば購買の意思表示を行い対価を支払うことを約束することによって売買契約が成立します（民法555条）。医療は売買契約と異なり，医療上の効果を個々の患者に確定的に明示することはできません。医師が患者との間で約束できることは，患者の病状に対して医療上効果があるとされる医療の労務を提供することにすぎず，医療上の効果を確約しているわけではないのです。そして，医療上の効果は個々の患者に均一に現れるものでもありません。

　しかし，医療上の効果が得られなかった場合，患者は医療者に強い不満を抱き，不当な診療行為と考え指導・監査をせよと申し立てることがありま

す。医師と患者との間に締結される契約は、通説によれば「準委任」とよばれるもので、先に述べたように医療上の効果を確約するものではありませんから、必ずしも医療者が非難されるべきものではありません。ただし、国民の疑問に答える意味では指導・監査制度は、一定程度、必要があるとも考えられます。

〔2〕 複雑な保険医療の視点

　保険医療は、保険者が被保険者から保険料を徴収し、国民は被保険者の立場で病気になると患者として保険給付を受ける仕組みです。保険診療は一部自己負担金があり、診療明細書の発行があるため、医療を売買契約のごとく考える患者さんもいますが、実際は国民皆保険によって保険医療は行われています。保険財源に関しては、保険者が基本的にはすべての国民から保険料を徴収（国民医療費の48.5%）し、さらに国家の歳入や地方自治体の財源（同38.1%）を追加し、その他は主に患者の自己負担金で賄われています。これらすべてが医療保険制度の財源なのです。

　保険医療の仕組みは複雑です。保険者は被保険者に医療を提供できないため、保険医療機関が保険者に代行し医療を提供することになっています。ただし、実際には保険医療機関と保険医の登録を受けた医師が診療に当たります。医療内容は一般の商品のように明瞭に適否を確定しがたいため、国が診療報酬点数表に定めています。医療の価格設定権は国にあります。保険医はその範囲での営業をする点で、保険医療機関はコンビニのフランチャイズ店のような立場にあります。診療報酬の支払については、診療報酬支払機関が保険医療機関と保険者・国の中間に位置し、医療機関が行った診療に対する診療報酬請求を審査し、適正とした部分に対して医療費を医療機関に支払っています。

　具体的には、国民が病気になると、保険医療機関に受診して国が定めた保険医療を受けます。一部の自己負担金を除き、医療機関は診療報酬支払機関に請求を行い保険診療の対価を得ることになります。支払機関は保険診療の対価と審査の費用を保険者側から徴収し、一連の保険診療の経済的活動が営

まれています。

　国により保険診療の内容が確定され，支払機関が適否を審査すれば保険診療の適正は担保されているように思われますが，国が定めた保険診療の要件は事細かな規則があり，詳細な診療内容の記載がない診療報酬請求書では適否を十分には判断できません。例えば，診療報酬請求が妥当なものであれば，そのほかに患者から負担金を徴収（二重請求）していても，支払機関の審査では適正な請求と扱われます。また，実際に保険診療をしたが，その診療報酬のほかに実際には保険診療をしていない診療報酬を請求（付増請求）しても，診療報酬請求書が正しければ審査では適正な請求と扱われます。さらに，保険診療で使用の認められていない薬品や器具を使用して，保険診療で認められた薬品や器具を使用したように請求（振替請求）をしても，その診療報酬請求書は適正な請求と扱われます。このように，審査機関はすべての診療報酬請求の適否を完全には判断できません。そのため，厚生労働省（厚労省）は診療報酬請求の適正な方法と保険診療の向上を目指して指導を行い，診療報酬請求の適正を図ることになっています。また，検査の必要があると考える医療機関には監査をすることになっています。この点が指導・監査が必要とされる所以です。

　　＊診療報酬請求の適正
　　　　請求の要件は，次のように説明されています（平成18年岐阜社会保険事務局の歯科集団的個別指導）。
　　　① 保険医が
　　　② 保険医療機関において
　　　③ 医療関係法を順守し
　　　④ 療養担当規則を順守し
　　　⑤ 歯学的妥当性のある診療
　　　⑥ 診療報酬点数表に定められた請求

〔3〕 医療の質・専門性・個別性の視点

　保険医療機関及び保険医療養担当規則では14条に「保険医は，診療にあた

つては常に医学の立場を堅持して，患者の心身の状態を観察し，心理的な効果をも挙げることができるよう適切な指導をしなければならない。」としています。医療法では1条の2に「医療は，生命の尊重と個人の尊厳の保持を旨とし，医師，歯科医師，薬剤師，看護師その他の医療の担い手と医療を受ける者との信頼関係に基づき，及び医療を受ける者の心身の状況に応じて行われるとともに，その内容は，単に治療のみならず，疾病の予防のための措置及びリハビリテーションを含む良質かつ適切なものでなければならない。」としています。

　良質で適正な医療を保険医が提供すべきことは好ましいことであり，反対する者はいないでしょう。しかし，個別具体的な診療の場になると上述の「医学の立場」は必ずしも確定できるものではありません。正しい医学は日々進歩し，変化しているため固定的に何を正しいとするのかは不明確とならざるを得ないからです。まして，「医療を受ける者の心身の状況に応じ……治療のみならず，疾病の予防……適切なもの」である医療となると，患者の主観的要件まで入り，最早，提供すべき医療の一般化は不能になり，何をもって正しい医療とするかを確定することは困難になります。

　では，医療の適正は確定できないものでしょうか。

　医療の原点になるのは重症患者の診療に原型があります。問診では主訴・病歴・既往歴・家族歴・職業歴・居住環境・合併症・服薬内容の確認・アレルギーの既往と症状，その病状の経過などの確認，診察では主訴に関連した身体部分の変化の観察や他の疾患を除外するための全身の触診・視診・聴診などの観察，検査では炎症・腫瘍・代謝疾患など疾患の種類を確かめるための一般的な採血などの検査と個別の疾患を確定するための内視鏡やCT・MRI・PETなどの特殊検査，治療では確定された疾患あるいは強く疑われる疾患に対する薬物や外科的な種々の治療，予想される結果に対する当該患者の臨床経過の観察のすべてを行うのが医学の基本的な立場です。

　ところが，患者は人それぞれの事情を有しています。同一疾患といえども，その程度の軽重・合併疾患・経済的事情・家族の病気に対する支援体制・仕事上の事情・年齢など「医療を受ける者の心身の状況」は様々です。さらには，一方の治療に必要な薬剤が他の疾患の増悪を生じることがあるた

め，保険医は複数の疾患を持つ患者の治療に困難を感じることは少なくありません。

　例えば，便秘の診療を考えてみましょう。便秘の症状があっても，2014年11月27日化学工業日報によれば70％の人は医療機関には受診していません。受診する30％の患者さんの多くは診療所で単に下剤を投与されていると考えられます。しかし，この患者さんの中には，うつ病や大腸がん，その他の腹腔内の腫瘍，婦人科の大きな腫瘍，甲状腺機能低下症などの患者さんが少数ながらいます。すべての患者さんを医療の原点に従い精密に問診や検査をすれば，診断や治療は簡単です。しかし，現実には多大な費用や時間がかかり，身体的苦痛を伴うこともあるため，一般診療では簡略に診療しているにすぎません。また，あまりに丁寧な診療をすると，単に下剤を求めて受診しているにすぎない患者が不満を覚えることもありますし，保険医自身も下剤で不都合のない患者に1時間近く診療に時間を割くことには抵抗を感じます。このように，保険医は医学的見地とは別の視点で診療しているのです。医業経営上，現在の診療報酬では医学的見地に従う十分に時間をかける医療の提供をすることはできない仕組みにもなっています。その結果，漫然と下剤を投与され，その後に，癌が発見された場合には，多くの患者さんは不適切な診療を受けさせられたと不満を口にすることになるのです。

　この問題は，医療の費用対効果の研究が進むと，どの段階でどのような検査をすべきかの結論が出るようになると思われます。それまでの間は，結果が思わしくなかった患者から見た不適切診療の問題は続くでしょう。

　指導・監査は，患者や同業者からの情報提供による診療の不適切にも対応することになっています。施設基準を厳格化する方向での医療安全活動などに力点が置かれ，適時調査としての指導は厳格に行われる状態です。しかし，医療内容の点では，指導・監査は十分ではありません。一部の腫瘍マーカー検査の過剰などに対する指導はなされていますが，医療の具体的内容とその効果の関係や複数の疾患を持つ患者への医療の在り方，様々な社会的事情を含めた医療の質の点では，適正な指導に困難がある状態です。むしろ，保険医が医療の質の向上に向けた適正医療を提言し，それを前提にした指導の在り方を検討すべきでしょう。そのため医療現場を中心とする制度設計が

必要になると思われます。

指導・監査が保険医療の適正を目的としているならば，この作業は無視できず，大いに必要があります。

〔4〕 指導・監査と医療関係法の視点

適正な医療内容の提供は，正しい医学知識と技術を行使することと，国民が期待する法令にしたがう医療を提供することを要件とします。療養担当規則14条や医療法1条の2のような問題のほかに，保健師助産師看護師法違反や薬剤師法違反事件のように，保険医が慣習として行ってきた行為が違法とされた事件も多々あります。

指導・監査は診療報酬請求の適正に比重をかけた行政活動になっており，こうした法規制の現状と保険診療の問題をつまびらかにはしていません。経済的指導の視点では，指導・監査は税務調査に類似した行政活動とも解釈できます。税務調査では課税対象と課税率が問題となり，一部の経費算入に対する判断に解釈の相違を生じることはありますが，多くの人は過誤なく適正な納税をしています。

この点，保険医は，不思議なことに，医療関係法令を理解していることはほとんどありません。指導・監査に立ち会う医療関係団体の立会人も同じです。行政も医療慣行が法令に沿わない場合でも指導や監査を行っていません。事件が起こってから通達を出しているのが現状です。

看護師の妊婦に対する内診を保健師助産師看護師法違反として書類送検された横浜の事件★1や，事務員に処方薬を扱わせた薬剤師法違反として書類送検された岐阜の事件★2があります。これらをきっかけにして，横浜の事件では全国の多くの零細な産科医療機関が廃業しています。調剤の件では，現在でも，薬剤師の資格のない事務員によって院内調剤が行われている医療機関があるといわれています。しかし，やがては院外処方や院内調剤薬局に変化すると考えます。

しばしば，裁判上の争いになった医師法上の診療禁止義務や「適切な医療」を目的として医療を規制する法規は，医療倫理を基盤に形成され，善意

で解釈する慣行で一般診療は行われています。同様に，専門学会が大学病院の診療を中心にした基準で作成している診療ガイドラインもある種の法規制として機能しています。しかし，一度問題が生じた場合，その適否判断の基準となることは間違いありませんが，一般的な保険医がこれらに精通しているとは思われない状態にあります。

　指導では法の透明性を図るためこれらの法規とその解釈を徹底すべきでしょう。ただし，現状の法規を順守することが費用対効果の面からは医療費の損失となる場合もあることや，事実上，実現不能な条項の改変をする資料を指導現場で集めることも必要であると思われます。この意味でも指導・監査の果たす役割は少なくありません。

〔5〕 診療報酬点数表と医療関係法の視点

　保険医はすべて医師です。医師は医療関係法令の順守義務があります。したがって，保険医は，診療報酬点数表で請求不能な医療行為でも，医療関係法令が指示する医療を実施する義務があります。ところで，健康保険法76条に規定されている診療報酬点数表は，憲法25条に基づく国民に必要な医療を具体化して列記していますが，それにより，国民は必要な医療を保険医療制度で網羅し提供してもらえていると考えています。

★1　無資格助産事件
　　平成19年に横浜の産科病院で看護師や准看護師に妊婦の子宮口の開き具合を診察する内診行為をさせたとして，神奈川県警が院長や看護師に保健師助産師看護師法違反容疑で刑事責任を追及した事件。日本産婦人科医会などは「医師の指示があれば，看護師の内診は助産行為にあたらない」と主張。「看護師による内診を認めなければ，お産が立ちゆかなくなり，お産難民があふれる」と一連の捜査に反発していた。院長が引退の意向を検察側に伝え，地検側は職を辞することを重く受けとめ，嫌疑はあっても訴追しない起訴猶予の判断となった。
　　なお，同一の医療行為に対し，平成17年に，准看護師に内診をさせたとして千葉県の産婦人科院長を千葉地検が略式起訴，罰金50万円の略式命令がなされた。平成19年愛知県豊橋市の産科医に対し，名古屋地検豊橋支部は「犯意が希薄なうえ，内診行為そのものによる健康被害の危険性が認められない」と起訴猶予としている。
★2　薬剤師法違反事件
　　平成27年3月，岐阜県生活安全課と中署は岐阜市の小児科クリニックを無資格の事務員に薬剤を調剤させたとして，薬剤師法違反（無資格調剤）の疑いで書類送検した。院長は「医師の指導の下で薬をつくらせていたので問題ない」とし，容疑を否認している。

しかし，実際には，国民に必要な医療であっても，診療報酬点数表に規定されていないものもあります。一例を挙げましょう。ピロリ菌感染胃炎は胃がんの発生リスクであり，1994年にWHOがアスベストと同じ発がんの危険群に分類したことを受けて，世界各国は除菌治療を開始し始めました。ところが，わが国の保険診療では2013年までピロリ菌感染胃炎の治療を保険診療では認めていませんでした。この20年間で除菌治療がなされた場合，胃がんの発生が3分の1になると推定されていますが，そうすると約60万人の人が除菌治療を受けられなかったために胃がんで死亡したことになります。自由診療で治療すべきとの声もありますが，国民に必要な医療は国民皆保険で賄うことに反します。「国民皆保険はアメニティに属する医療以外は保険医療でカバーしている」(厚労省)はずだからです。ピロリ菌感染胃炎に対して除菌治療をすべきことが医療法1条の2に示される「良質な医療」になると考えられ，医師法1条の「医師は，医療及び保健指導を掌ることによつて公衆衛生の向上及び増進に寄与し，もつて国民の健康な生活を確保するもの」にも適合します。毎年，保険診療で上部消化管内視鏡検査を受けていれば胃がん死は招かないなどの医療界内の意見もありますが，除菌治療で胃がんを抑制できるのであれば，それをすべきでしょう。それが医療倫理であり，医師法や医療法の定めでもあります。このように，診療報酬点数表が医師法や医療法の規定する診療行為をすべて網羅していないという問題があるのです。健康保険法の細則である診療報酬点数表と医療関係法令との間に齟齬があるのです。診療報酬点数表と医療関係法令との齟齬は診療報酬点数表の解釈の差を生みます。解釈の差は診療報酬査定の地域間格差や個々の保険審査委員の査定の格差となります。

　また，画一的な基準設定による審査や行政指導は個別の患者それぞれに対応した医療を提供する義務に反する一面もあります。同じピロリ菌感染症例であっても，家族に胃がんが多発している場合や高度な萎縮性胃炎のある場合とそうでない場合では状況が異なります。この点，医療法1条の2は，「医療は，生命の尊重と個人の尊厳の保持を旨とし，……及び医療を受ける者の心身の状況に応じて行われる」としています。したがって，診療報酬点数表が画一的な運用にはなりません。この点，診療報酬点数表の摘要欄に個

別に事情を記載することで，一定の，個別の事情に配慮をしていますが，面倒でもあり十分ではありません。一般的に，法はそれが適用される対象者に画一的な自由の規制をします。一方，医療関係法令は患者の個別性に配慮する義務を示してもいます。健康保険法76条の診療報酬点数表による画一的・硬直的な運用は医療を損なうことがあります。

　指導・監査は，関係法令を包含する法の理解と解釈や個別の事情を例示して，硬直的ではない弾力的な適用が望まれています。この点でも指導・監査の果たす役割は少なくありません。

　　＊診療報酬請求の適正　→前掲5頁参照。

〔6〕　医療倫理の視点

　医療界において2000年以上続いたヒポクラテス★3やフーヘランド★4の医療倫理は，医師が独自の判断で診療し，患者はそれに従うのが当然とするものであり，それが医療上の正義でありました。具体的には，医師は神聖な生涯を貫く，患者の秘密は保護し患者に不安を感じさせる診療内容を説明しない，貧富の格差なく平等に患者を診療する，患者の動揺を招かぬよう他の医師の行為を批判しない，医師は尊敬される行動をとることなどが要求され，一方，患者は与えられた医療に不平や不満を言わないのがルールでした。つまり，医師は患者に当該疾患の予後が悪いことなどの不都合な事実を

★3　ヒポクラテス（紀元前460年頃～紀元前370年頃の古代ギリシアの医者）
　　「医術を教えてくれた師を実の親として敬う。医術を学ぶ者には無報酬で教授する。医学知識は医療界内部以外には情報伝達しない。医師自身の能力と判断に従って診療し，患者に有用な治療法を選択し，害となる治療法を選択しない。流産や積極的安楽死はしない。医師自身は生涯を正義と誠実に生活する。患者の身分で分け隔てしない。医療上の守秘義務を守る。」ことが医師の条件であるとしている（ヒポクラテスの誓い）。
★4　フーヘランド（1762～1836，ドイツ人医師）
　　緒方洪庵や杉田玄白の孫である蘭学者杉田成により著述が翻訳され，日本の医療の倫理規範として医療者の基本になっている。
　　その内容は「自己の名声や利得を捨て医師は生命の保護と健康の維持増進をする。患者を平等に扱う。謙虚な態度と，精細な診療と診療の記述をすること。他の医師を誹謗せず，治療不能の患者にも不安を持たせないこと。人格的に人の信用が得られる行動をすること。」などが記述されている。

告げず，自分の親や家族に接するような態度で，当該患者の職業や社会的・経済的地位を配慮し，抽象的・平均的な医師として一般的に要求される注意を尽くして診療に当たることを要求されていました。医療がこのような理念に基づくものであるならば，営利を目的とする診療報酬請求はなく指導や監査も不必要となるはずです。ところが，現実にはこの倫理を実行することも，実行しすべての患者を満足させることも困難であり，米国においては裁判上の争いにまで発展しました。

米国では医療は民間の営利企業が扱う保険商品として運用されていますので，医療が契約法理の統制下にある一般の商品と同じ位置づけになりやすいと思われます。裁判ではヒポクラテス以来の医療界独自の倫理ではなく信義則上の義務として説明責任を付加されることになり，さらには，同意原則も適用されました。その結果，1980年頃より，不十分な説明は患者の知る権利やそれを前提とする医療の選択権である自己決定権を侵害する違法なものとされることになりました。この倫理観は2000年頃より世界に普及し，世界医師会もヘルシンキ宣言やソウル宣言で同意原則や自己決定権を尊重するようになってきています。

自己決定権行使を保護する医療行為の説明は署名押印を求める診療につながっています。その具体的書面は，当該診療の内容，時間的負担，それによる利益，合併症による不利益などが細かく規定されており，契約の有効要件を記載した診療契約書のような様相を呈しています。同意原則や自己決定権の保護などの患者の医療に対する権利の拡張は，それ自体，必ずしも旧来の医療倫理を否定するものではありませんが，医療現場にこれらを持ち込むことにより，医師も患者も医療に対する意識に大きな変化を生じ，医療商品の売買契約のような観念を生じてきています。

医療現場では保険医にも患者にも，署名や押印による確認作業は一般的な契約の有効要件を記載した商品契約書の作成を連想させます。裁判上の権利義務の問題ではなく，保険医療商品の取引の効果を医療現場にもたらしてきています。診療報酬請求内容の厳格化（施設・医療者の資格・医療機器など）や患者の医療費の自己負担金の増額，一般商品売買時のレシートのような診療内容明細書や領収書の交付の義務化とも連動し，より一層，医師や患者に医

療商品の売買契約のような観念を作出しています。

その結果，医療者は，契約の範囲内の医療は不都合があっても同意傷害として免責される自由を得たと考える傾向にあります。一方，患者は，不都合な事象に遭遇しても医療の適否は不明であり，不都合な合併症の範疇に入る契約の範囲内であると考え，仕方がないとあきらめる傾向にあります。

契約の本質は自己に有利な取引の追求であり，営利を尊重した思想が根底にあります。保険医療にこの思想を持ち込むことは，保険医療の営利商品化に連動します。そうであれば，過度な営利商品化の追求を抑止すべく指導・監査制度は必要になります。

わが国は紀元前からの善意に基づく医療倫理を基盤にした法規制の中で国民皆保険を施行してきました。国民皆保険の経済的部分は営利を目的とする契約そのものですが，医師法や医療法での規定はヒポクラテス型の倫理規定を踏襲する法規制をしています。これに対し，米国型の高価格で高品質を求める医療は，日本型の保険医療の3時間待ち3分診療とは異なるものです。日本の国民皆保険は薄利多売方式を採用し，WHOの健康寿命や健康達成度の総合評価1位をとってきましたが，一方で，米国型の契約医療の思想も最近は急速に普及してきています。仮に，米国型医療を求めるのであれば，医療契約の内容や価格設定のあり方など新たに法の改定を検討する必要があります。

指導・監査では，一般保険医に開示しない審査機関の内規や指導・監査の選定基準などを排除し，現行の医療関連法や行政法が求める憲法に基づく公平性や公正性，透明性が担保された基準による旧来からの医療倫理に依拠した保険診療の秩序維持のための活動が求められます。

〔7〕 契約論と診療内容の視点

前記〔6〕「医療倫理の視点」で既に述べましたが，医療者は患者の自己決定権を尊重して診療についての情報を十分に開示・説明することが求められるようになっています。そのため，わが国でも，医療者が説明文書を作成し，それを患者に示して署名押印してもらうことが増えてきました。これ

を，医療者の説明義務の強化にすぎないと捉えるのは不十分で，医療知識や医療技術の売買契約のような様相を呈してきています。

　そこで求められている内容は，医療内容の確定可能性があること・実現可能性があること・違法や反社会的でないこと・効果帰属要件を満たしていることなどの契約の要件でもあります。診療の場での書面には，当該診療の内容，代替手段の有無とその優劣，時間的や経済的負担，診療による利益，合併症による不利益などが細かく記載されます。具体的に保険診療に当てはめると，医師は問診や身体所見から予測される疾患，その診断確定に必要な検査とその危険性や代替手段，治療の方法とその効果と危険性や他の代替手段，当該医療による予測される医療上の効果を示し，その上で患者の同意を得ることが求められます。これらの内容に欠けた点があれば，その診療は，説明義務を果たしていない，場合によっては，医療契約そのものが成立していない，無効である，とされることになりかねません。また，その診療は，当該医師の漠然とした既存の教科書的判断による医療ではなく，現行の専門学会の規則やガイドラインなどに示される根拠に基づくものであること，その知識や技術を有している専門医が行うこと，説明は不明瞭な口頭ではなく，文書によるものとすること（少なくともカルテに説明内容やそれに対する同意のあることを記載すること），実現可能性を示す当該医療を当該医療機関で実施できる施設や人員，機器を具備していることが要求され，当該医療を実施できる施設基準の厳格化が必要になります。当該疾患に対する医療上の成果を明示することも必要になり，実施された医療が有効であった診療実績の開示も必要になります。効果帰属要件では，認知症などの罹患はなく，本人（場合により家族も含む）が意思決定の効果に責任を持てる人であることを明示することなども要求されるようになりつつあります。現在，保険診療は文書による契約締結型医療に向けた大幅改定のさなかにあります。

　しかし，わが国の保険診療は高度専門性を持つ一方，極端な薄利多売方式です。一般的な医療は地域により異なり，3時間待ち3分診療をしてきているため，上記のような契約の要件を争う裁判に耐えうる一般的な契約とするには難があるずさんなものです。現状は変化しつつありますが，前項で既述したように，日本の保険医療はこうした契約の基本を忠実に順守することに

はなじまない形になっています。また，個々の診療に際して，旧来の簡略な医療行為のほうが効率的な一面もあり，契約の基本に忠実な医療がよいとは一概にいえず，医療従事者にはこのような契約を基盤にする医療に強い抵抗もあります。保険医自身が根拠に基づき，どの程度の診療を適正とするかを示さないと，やがて，上記の契約内容が大病院と同様にすべての医療機関に要求されることになるでしょう。

　指導・監査の場では，既にこの契約関係での問題が発生しています。例えば，診療報酬に慢性疾患や難病疾患の指導料や管理料があります。指導・監査でこの指導料や管理料の算定に対し，当該疾患についての説明をした事実がカルテに十分に記載されていないことを理由に返還金を要求されることが多々あります。保険医も保険指導官も契約の本質を正しく認識していないため，この指導料や管理料を算定できるか否かについて，しばしば，保険医と保険指導官の間で争いが生じます。疾患の指導や管理とは，保険医が患者に当該疾患の症状や診断，検査，治療について代替手段や薬剤の副作用などの健康に対する負の効果を示す事柄も含めて周知徹底して診療を行い，当該疾患の一般的な医療による健康上の効果を与えることを意味します。無論，その前提には家族歴や既往歴，他疾患の合併，服薬歴，アレルギー歴，生活環境，当該患者の性格などを確認できていなければなりません。保険医はこれらの一部を診療に際して行いますが，すべてを実行している保険医は稀でしょう。法を硬直的に運用し，欠けた部分があれば，保険医療契約上その疾患管理は不完全履行となり，管理料は算定できないことになります。しかし，現実には多くの場合，何らかの記載があれば管理料は支払われています。どの程度の診療があれば管理料が算定できるのかは曖昧です。契約の内容に対し，医療倫理を踏まえた診療報酬支払契約の解釈に差があるために指導・監査の場で問題が発生しているのです。

　指導は，こうした診療報酬の解釈基準を明確に伝えるため必要な作業です。監査の場ではより厳密な検証が必要になります。しかし，その診療報酬の解釈基準自体が必ずしも明確とはいえません。契約原則に従えば，それは，医療者と患者との意思表示が合致した部分となります。しかし，「意思表示」は，医療倫理に基づく医療を前提として表示されるのですから，

医療倫理に基づく医療を無視して決定することもできません。そのため，どの程度，医療倫理に基づく医療を斟酌するのかという問題があり，医療者ごとに異なったり，厚労省とも差があったりするのです。そのため，解釈基準を明確に伝える必要があります。ですから，厚労省は診療報酬点数表に示す保険診療契約の求める医療内容を典型的な事例をもって明示しなければなりません。また，その契約が保険医の医療秩序に沿うものでなければなりません。そうでなければ保険診療に混乱が生じるのです。その前提として，一般的な保険医は典型的なカルテ記載をどのようにしているか。保険医の何％が当該医療行為をどのように考えて算定し，そう算定しない保険医は何％であるか。その場合の診療行為の成果の具体的な差異は何か。その場合，患者が当該診療を受けている実感を持っているかなど医療実態を開示し，その上で返還の指示がなされなければなりません。こうした法の適用の前提部分となる情報の開示が極めて少ないため，保険医は診療報酬請求の解釈を自己流に様々にします。法解釈基準の異なりによる保険請求での争いは保険医の問題ではなく，明快な基準を示していない厚労省行政の責任の問題といえるでしょう。

　指導・監査は医療の実態の開示，そこから出てくる解釈基準とその典型例の例示を指導・監査対象者に示し，明確な基準に沿わねばなりません。特に，処分を伴う監査ではこの要件を満たさなければ，恣意的な監査との非難を避けることは困難でしょう。患者の事情により，一定の幅があってもよいのですが，指導・監査は医療内容の明瞭な基準の開示とその基準の管理には必要な行政行為です。

　　＊診療報酬請求の適正　→前掲5頁参照。
　　　厚労省が示している診療報酬請求の適正の説明では，医学的に必要であっても保険診療となっていない診療は無料で診療することが医師・歯科医師の義務であることを示しています。しかし，医科と異なり，歯科では自由診療の併用（混合診療）が通常になっています。

〔8〕 労働契約法からの視点

　診療報酬請求の視点では，医療機関は働きに応じて収益を得る方式になっています。この営業形態は一般の商品を扱う小売店に類似するものです。しかし，商品の値段が国に決定されている点では，タクシー業界の運転手が賃走の距離に応じて給与を得ているのと同じです。すなわち，経済的側面では保険医は国に雇用された医療労働者の立場にすぎません。そう考えると，診療報酬改定で診療報酬が削減される当該減点改訂に対し，医療労働者である保険医は労働契約法の不利益変更に当たるため，その診療に関係する保険医の過半数の同意を得るべきであると主張しても不思議ではありません。
　ところが実態は，財務省が社会保障費を決定し，厚労省がその範囲で保険者や病院関係団体，医師会などの意見を聴取して診療報酬を決定しています。決して，現場の診療担当の保険医の声が聴かれることはありません。労働契約法の不利益変更と考えると，不思議なことです。
　この立場では，指導・監査は保険医を国の雇用する医療従事者として管理する行為と考えられます。そうであれば，過誤や解釈の不一致を生む診療報酬請求制度を簡略化するための行政行為に変化させるべきでしょう。一部の保険医を指導・監査で恫喝していても診療報酬請求の過誤をなくすことはできません。
　もっとも，保険医と国との間には直接的な雇用関係がなく，労働契約法の適用の余地はないとの考えが法律解釈上，一般的であります。しかし，診療報酬のあり方を考えた場合，変形した形での雇用関係があると筆者は考えます。

〔9〕 診療報酬請求方式からの視点

　診療報酬は画一的であり，個々の患者の状態を斟酌してはいません。合理的判断を逸脱した診療報酬の内容問題もあります。疼痛緩和の注射回数の制限や歯周病の診療機関制限など医療上の必要に反した制限は多々あります。

その一方，慢性疾患や難病疾患の指導料や管理料などでは診療の都度，説明する必要性に疑問のある診療報酬もあります。

　診療報酬に対する保険医の要求はほとんど認められてきました。診療行為を積み上げて医療費を算定する現在の診療報酬制度は，保険医に対して，営利につながる経済効率のよい診療をすることを勧める作用をします。よく，「赤ひげ医師がいなくなった。」と評されることがありますが，患者のために診療すれば，それなりの報酬が得られる仕組みであるため，患者の要求に対してまめに活動してきた昔の「赤ひげ医師」はむしろ，国民の目からは，営利追求の金権医師になってしまいます。現在の診療報酬制度は，患者との相互信頼関係を基盤とする医療ではなく，営利を基準とする医療であり，患者と医師の信頼関係が大きく損なわれる状態になってきています。

　そのため，患者は結果を得られなかった医療行為を中心に，営利の視点から保険診療の不適切を主張せざるを得ない状態にあります。この点，根本解決は診療報酬請求方法のあり方や現場の医療従事者の声を反映させた制度を構築すべき問題と考えられます。

　指導・監査は，自己の診療に不満を持つ患者の求めに応じ行政活動を行い，患者の信頼を確保するための活動として必要です。

〔10〕　社会学的視点

　保険診療については，厚労省と医師会・歯科医師会の申し合わせにより，「監査に先立ち指導をする。指導で改善が見込まれない場合のみ監査を行う。」とする方法で，行政と各県医師会・歯科医師会が協力して保険請求の秩序を確保してきました。

　しかし，この制度での秩序維持は十分でなく，裁判上の争いが生じるとともに，平成24年11月20日に一般社団法人日本経済団体連合会が指導・監査の強化（社会保障制度改革のあり方に関する提言）を提言し，平成26年5月11日には朝日新聞が「診療報酬不適切請求の疑い　厚労省，半数の調査放置対象，8000医療機関」と題して，行政の指導業務の任務怠慢と，医師会と癒着する異常に保険医に甘い行政との批判を記事にしています。

同じ医療問題である医療事故は，同様の裁判上の争いを通して，司法関係者が産科医療を中心に医療界の既存の秩序を崩壊させました。医療界は契約法理に適合する専門の学会基準やガイドラインを法規範とする新たな秩序や過誤に対する懲罰規定を作成しつつあります。医療の専門家はこの新たな医療秩序の適正の議論を尽くさず，新しい事故対応を含む契約法理に基づく医療供給の構築を決定しつつあります。

　指導・監査問題も，医療界が自主的に問題解決をしなければ，同様に厳しい解決が迫られることになるでしょう。つまり，医療界の特性を無視した一般社会の法理による規制が敷かれることになるのです。そうはならないように正しい指導・監査を含む診療報酬請求の制度設計をしたいものです。

〔11〕 医療界の自立と自律の視点

　審査では，保険医からは適正医療に対する不本意な保険請求の減点査定を，保険者（国民）からは地域間格差や医師が主体の審査方法，不十分な行政の監督責任を問題にされています。行政指導では，指導や監査を受けた保険医からは保険診療を妨害する日時の設定や行政手続適正，保険医取消処分などの脅迫的言辞などを問題とされ，保険者からは実効を上げていない指導との批判があります。保険医に対するこうした権利侵害については，その一部は裁判上の争いにまで発展しています。

　このことは，保険医を主体とする保険診療に関わる専門家の内部の問題としての解決が不能との判断に基づき，原告が裁判を提訴した点に注目しなくてはなりません。なぜなら裁判で求める判断は，指導・監査に立会人を同席させた医療関係団体の許容する保険診療関係者や行政内部の判断ではなく，それを誤りとする保険診療関係者や行政以外の一般社会を基準にする司法の判断を判決の形で求めることであり，契約法理★5や行政法★6などを基準として判断を行うことを求めているからです。後述（第2章〔4〕(1)参照）の溝部訴訟において，行政が保険医取消とした判断を，裁判は無効としました。このことは，現在の保険請求手続の秩序維持が保険診療関係者内部の問題としての解決に困難を来たしていることを物語っています。この点は，後

で判例を検討し詳述します。

　訴訟事件は例外的な事象であり，問題にすべきではないとの考えもあります。訴訟には実質的な保険医取消期間の遷延，多大な労力を必要とする証拠収集作業，弁護士費用，保険医本人のみならず家族にまで及ぶ社会の批判に耐えることなどの様々な困難があります。そのため，訴訟をしたいと考えても我慢している人は少なくないでしょう。医療安全活動で頻回に引用されているハインリッヒの法則★7を応用して考えれば，1人が訴訟を提起した場合，訴訟を考えて実行に移すも途中で辞めた人が29人，訴訟をしたいと考えつつも実行に移さず不満を持っている保険医が300人もいることになります。毎年訴訟事件が何例も出ていることから考えると，保険診療の制度維持が円滑にはできていないと考えるべきでしょう。

　専門家のみによるルール設定は部分社会の法理として存在してきました。判例は，このような部分社会のルールについても常に司法判断が及ばないわけではなく，一般市民法秩序と関連があれば，裁判所でルールの違法性やルール適用の違法性を争えるとしています。広く国民の理解が得られるルール作りは必要であり，この司法判断は正しいと考えられます。高度専門性のある分野ではそのルール作りは専門家が主体になり，国民の理解を得て決定されなければ，正しい専門性に基づかない衆愚政治の世界に入ってしまいます。

★5　契約法理
　　私的自治の下，関係者が対等の立場で，当事者と相手側の意思表示が一致していること，契約の内容が確定可能・実現可能・反社会的でない・違法でない・当事者が契約の効果に責任が持てることを要件とし，自己に有利な取引を自由に追求することを認める原則。
★6　行政法
　　国家目的実現をめざす作用のうち，司法・立法を除外した国家作用である。行政作用は法律に基づく行政原理に支配され，憲法順守義務の統制下にある。また，一般法原則とされる比例・平等・公正・権限濫用禁止原則などの統制下にある。一方，行政決定は公定力，不可争力，不可変更力を持つ。そのため，説明責任や国民に対する透明性などが付随的義務として求められている。
★7　ハインリッヒの法則
　　米国損害保険会社の調査部職員のハインリッヒが，労働災害5000件余を調べ，重症事故が1件あればその背後に，29件の軽傷事故があり，300件もの危うく大惨事になる傷害のない災害が起きている法則を発表。1つの大きな事件の陰には多数の事件になりかかった事象があることを示す指標になっている。

この問題は教育界に顕著です。40年前には学校の先生は生徒を暴力で叱っても、その行為はあくまでも教育の一環であるとされ、暴行罪の罪責を問われることも、傷害により生じた身体的・精神的損害の賠償を要求されることもありませんでした。教育上の体罰や暴言が生徒を教育するために必要か、そうではないのかには今もって様々な議論はあります。しかし、その場の事情をいちいち斟酌できない一般国民は具体的な暴力的行為を肯定することはできません。下記に示される例外的事件が教育界全体を支配してしまいます。現在は、先生の暴力は教育の一環とはみなされず、暴行罪の適用範囲・解雇の理由になっています（後記事例1，2，3）。さらには、子供のいじめにまで一般法理が支配することになってきています。その結果、教育者はよい意味で、感情を交えて生徒に接するのではなく教育技術的な対応になり、先生は生徒との感情をぶつけ合う教育は希薄となってきているはずです。教育上の是非は今後の判断に委ねられると思われますが、このように専門集団の教育界内部の自立と自律が確立できていなければ、マスコミを中心にした教育界の外部の意思によりその是非は決定されます。その結果、教育界固有の自治は委縮し、一般社会の法理に従う対応を余儀なくされてしまいます。医療界でも同じことがいえるのではないでしょうか。

　指導・監査は既に定立した診療報酬請求方法と保険医療内容の適正を維持する作用です。その前提となる保険医療や診療報酬の在り方などは医療者自身が確固たる倫理規範に基づき適正な法作成を行わなければなりません。それができなければ、財政や行政が保険医療や診療報酬の在り方を机上の論理の中で考えます。そこには現場の医療者の声はありません。指導・監査問題は往々にして乱暴な行政権行使に目が向かいがちですが、医療界の自立と自律が本質です。その上での指導・監査は有用でしょう。

　＊教育界の問題事例
　　　主な事例を3例以下に示します。ここでの処罰が均衡のあるものかは疑問です。教育と体罰の関係が何を基準に判断されているのかは今もって不明瞭です。このことは家庭内のしつけと称される問題でも同様です。処罰については、マスコミの影響が大きいようにも思われます。

　【事例1】

2012年12月23日、大阪市立桜宮高校で男子生徒が自殺をした事例。バスケットボール部顧問の教諭が指導と称し、日常的に暴力を加え、生徒がそれに悩み自殺に至ったことが生徒のメモや証言から発覚。

大阪市教育委員会の聴取でも教育的体罰が裏付けられた。大阪市教育委員会は2013年2月13日に、懲戒免職処分を正式に決定した。

【事例2】

2009年8月22日、大分県立竹田高校で剣道部の練習中、2年生男子生徒が意識不明になった。生徒は同日夜に死亡した。死因は熱射病と判明した。その練習では、顧問の男性教諭は事件直前に水分補給の禁止や、生徒を殴ることや蹴ることをしていた。大分県教育委員会は2009年12月28日、顧問教諭が体罰を行ったとして停職6ヵ月、副顧問教員を同2ヵ月の懲戒処分にした。

【事例3】

2007年7月10日、熊本県の開新高校で、空手道部の練習中、1年生の男子部員が突きを受け一過性の意識障害を生じた。担当顧問教諭はその事実を把握するも救護措置をせず、逆に、生徒にタイヤを引いてグラウンドを全力疾走させた。さらに翌日、同教諭は生徒の体調不良のための病院受診の申し出に対し、この生徒に暴行を加え、練習参加を強要した。この直後に生徒は意識を失った。病院での診断は急性硬膜下血腫であり、生徒はその後、後遺症のため、退学と養護学校への編入学を余儀なくされた。

被害生徒の家族が教諭を刑事告訴し、熊本県警熊本北署は2008年6月24日、教諭を業務上過失傷害容疑と暴行容疑で書類送検した。熊本簡裁は2010年1月8日、教諭に対して業務上過失傷害で罰金50万円の略式命令を出した。命令は2010年1月23日付で確定した。

被害生徒の家族は、暴行については起訴猶予処分となったことを不服とし、2010年4月までに暴行罪での起訴を求めて熊本検察審査会に審査を申し立て、不起訴不当と議決された。しかし、地検は再捜査の末、2010年6月23日付で再び不起訴処分とした。

第 2 章

指導・監査の実態

　指導・監査の実態を調査するために必要な資料は，審査時の査定金額，指導時の厚労省の返還金要求額と実際に保険医より返還された金額，指導内容，監査時の返還金額，診療に対する不正や不当の内容であります。

　保険医療機関には医科と歯科の違いをはじめ，病院から個人開業医まで業務形態や診療内容にも違いがあります。そのため，指導・監査に必要な資料はそれぞれの内容に応じた細分化されたものであることを要求されます。さらには診療報酬の改定の影響による変化もあり，その点も精細に検討が必要になります。ところが，現在入手できる資料は，審査の実態と指導・監査の件数，一部の返還金額くらいしかありません。この限定された資料によって検討をします。

　本来は，厚労省がその実態を精細に開示し，適正な保険診療の資料を提供すべきであり，指導・監査の根拠を明示すべきであります。

〔1〕 全国の実態

(1) 全国の審査の実態

(a) 診療報酬請求の審査から見た各県の過誤請求の実態（医科・歯科全体）

　診療報酬は審査機関で過誤に対する減点査定がなされています。全国の診療報酬の国保医科・歯科の平成26年9月審査分として1,695,849,481,320円の請求がなされています。国保医科・歯科の平成26年9月審査分の各県別の減点査定は3,919,631,550円（総点数の0.231％）です。県別では，最低の査定率は秋田県では査定率は0.055％，最高の査定率は福岡県の0.460％です。全国の

保険医が診療報酬点数表に従って正しいと考えた保険請求をし，各県の国保連合会の審査委員が正しいと判断する基準で審査した結果です（図表1参照）。

　保険医1人1人の査定を検討しなければ平均の査定率や標準偏差は算出できませんが，その資料はないため，上記の各県での査定を各県1人の保険医と仮定し査定率を検討してみました。平均査定率は0.215％，標準偏差は0.082％となりました。保険請求は複雑で多岐にわたる制約があり過誤を生じやすい構造になっています。

　この結果が示す診療報酬請求での過誤である0.055％～0.460％は一般的保険医の許容範囲とも考えられます。別の考え方では，平均査定率が普通の保険医の保険請求の過誤であり，標準偏差の2倍程度までは許容範囲と考えることもできます。そうすると，一般保険医の診療報酬請求の過誤の許容範囲は最大0.379％（平均+2σ：全国平均の1.76倍）となります。

（b）　診療報酬請求の審査から見た過誤請求金額の実態（医科）（図表2参照）

　社会保険診療報酬支払基金の審査情報を医科と歯科に分けて検討してみましょう。

　社会保険診療報酬支払基金の平成26年5月診療分の審査情報（医科）でこれを検討すると，全国では43,836,356件の請求があり，87,000,006万円の請求金額です。請求1件当たりの金額は19,847円になります。これに対する減点査定は資格不備の返戻を除外し，件数で798,960件（全件数に対し1.82％），金額では321,155万円（全金額に対し0.37％）です。査定1件当たりの減点金額は4,019.7円になります。全体の請求100件当たりに換算すると7,326円です。

　これらの資料から考えると，医科の診療報酬請求の過誤は保険審査の段階では件数で2％，金額で0.38％が一般的と考えられます。

（c）　診療報酬請求の審査から見た過誤請求金額の実態（歯科）（図表3参照）

　同様に平成26年5月診療分の全国の社会保険診療報酬支払基金の審査情報（歯科）でこれを検討すると全国では10,081,634件の請求があり，12,269,230万円の請求金額です。1件当たりの請求金額は12,170円です。これに対する減点査定は資格不備の返戻を除外し，件数で71,534件（0.71％），金額では8,804万円（0.072％）です。査定1件当たりに換算すると1,231円です。全請求件数100件当たりでは873円になります。

図表1　国保連合会における審査状況（平成26年9月審査分，医科＋歯科）

区分 都道府県別	①請求点数	②決定点数	③査定点数 (①−②)	④査定率 (③/①＊100)
	点	点	点	％
北海道	8,748,108,353	8,727,477,901	20,630,452	0.236
青　森	1,772,502,775	1,769,124,037	3,378,738	0.191
岩　手	1,645,317,645	1,643,069,247	2,248,398	0.137
宮　城	2,747,728,822	2,744,476,464	3,252,358	0.118
秋　田	1,473,866,829	1,473,061,907	804,922	0.055
山　形	1,605,288,364	1,600,214,560	5,073,804	0.316
福　島	2,508,762,746	2,504,870,130	3,892,616	0.155
茨　城	3,382,925,127	3,375,596,573	7,328,554	0.217
栃　木	2,476,876,715	2,472,730,099	4,146,616	0.167
群　馬	2,746,109,164	2,741,463,661	4,645,503	0.169
埼　玉	7,379,629,567	7,370,868,644	8,760,923	0.119
千　葉	6,716,024,124	6,702,839,064	13,185,060	0.196
東　京	15,858,973,298	15,809,500,949	49,472,349	0.312
神奈川	9,482,623,042	9,461,846,928	20,776,114	0.219
新　潟	2,890,770,473	2,887,153,862	3,616,611	0.125
富　山	1,560,131,433	1,558,546,409	1,585,024	0.102
石　川	1,750,116,871	1,746,619,687	3,497,184	0.200
福　井	1,177,939,662	1,175,152,584	2,787,078	0.237
山　梨	1,064,782,814	1,063,167,152	1,615,662	0.152
長　野	2,868,380,961	2,864,406,494	3,974,467	0.139
岐　阜	2,633,107,572	2,629,859,246	3,248,326	0.123
静　岡	4,548,718,181	4,540,920,580	7,797,601	0.171
愛　知	8,812,305,860	8,794,300,769	18,005,091	0.204
三　重	2,276,727,879	2,273,084,963	3,642,916	0.160
滋　賀	1,608,994,584	1,606,533,755	2,460,829	0.153
京　都	3,783,824,665	3,772,837,911	10,986,754	0.290
大　阪	12,692,976,345	12,659,400,269	33,576,076	0.265
兵　庫	7,498,084,996	7,480,910,666	17,174,330	0.229
奈　良	1,891,259,731	1,886,981,888	4,277,843	0.226
和歌山	1,634,126,555	1,630,051,704	4,074,851	0.249
鳥　取	909,476,177	907,760,683	1,715,494	0.189
島　根	1,095,720,125	1,091,539,321	4,180,804	0.382
岡　山	3,057,060,868	3,047,309,391	9,751,477	0.319
広　島	4,364,946,988	4,355,402,124	9,544,864	0.219
山　口	2,462,991,578	2,458,525,684	4,465,894	0.181
徳　島	1,355,848,850	1,351,273,605	4,575,245	0.337
香　川	1,559,025,699	1,552,378,043	6,647,656	0.426
愛　媛	2,326,367,683	2,322,122,558	4,245,125	0.182
高　知	1,456,185,631	1,453,487,574	2,698,057	0.185
福　岡	8,094,570,340	8,057,312,853	37,257,487	0.460
佐　賀	1,366,994,728	1,364,872,855	2,121,873	0.155
長　崎	2,439,766,371	2,434,772,222	4,994,149	0.205
熊　本	3,189,581,046	3,179,866,542	9,714,504	0.305
大　分	1,976,066,178	1,972,020,041	4,046,137	0.205
宮　崎	1,798,201,671	1,794,975,020	3,226,651	0.179
鹿児島	2,975,832,251	2,968,958,804	6,873,447	0.231
沖　縄	1,919,326,795	1,913,339,554	5,987,241	0.312
合　計	169,584,948,132	169,192,984,977	391,963,155	0.231

図表2　社会保険診療報酬支払基金における審査状況（平成26年5月審査分）（医科，全請求者分）

<table>
<tr><th colspan="3" rowspan="2">処理区分</th><th colspan="4">全管掌分</th></tr>
<tr><th>件数</th><th>請求1万件当たり件数</th><th>点数</th><th>請求1万点当たり点数</th></tr>
<tr><td rowspan="5">原審査</td><td colspan="2">請求</td><td>(件)
43,836,356</td><td>(件)
—</td><td>(千点)
87,000,006</td><td>(点)
—</td></tr>
<tr><td colspan="2">査定</td><td>629,397</td><td>143.6</td><td>265,600</td><td>30.5</td></tr>
<tr><td colspan="2">単月点検分</td><td>511,644</td><td>116.7</td><td>224,119</td><td>25.8</td></tr>
<tr><td colspan="2">突合点検分</td><td>80,876</td><td>18.4</td><td>26,943</td><td>3.1</td></tr>
<tr><td colspan="2">縦覧点検分</td><td>36,877</td><td>8.4</td><td>14,537</td><td>1.7</td></tr>
<tr><td rowspan="14">保険者等の申出による調整</td><td rowspan="8">再審査</td><td>原審どおり（保険者）</td><td>234,505</td><td>54.9</td><td>—</td><td>—</td></tr>
<tr><td>査定</td><td>119,647</td><td>28.0</td><td>40,470</td><td>4.6</td></tr>
<tr><td>単月点検分</td><td>71,415</td><td>16.7</td><td>22,426</td><td>2.6</td></tr>
<tr><td>縦覧点検分</td><td>48,232</td><td>11.3</td><td>18,044</td><td>2.1</td></tr>
<tr><td>審査返戻</td><td>4,477</td><td>1.0</td><td>91,514</td><td>10.4</td></tr>
<tr><td>計</td><td>358,629</td><td>84.0</td><td>—</td><td>—</td></tr>
<tr><td>原審どおり（医療機関）</td><td>17,834</td><td>4.2</td><td>—</td><td>—</td></tr>
<tr><td>査定</td><td>9,172</td><td>2.1</td><td>▲8,858</td><td>▲1.0</td></tr>
<tr><td colspan="2">計</td><td>27,006</td><td>6.3</td><td>—</td><td>—</td></tr>
<tr><td rowspan="4">突合再審査</td><td>原審どおり</td><td>50,187</td><td>11.7</td><td>—</td><td>—</td></tr>
<tr><td>査定</td><td>59,088</td><td>13.8</td><td>23,943</td><td>2.7</td></tr>
<tr><td>審査返戻</td><td>526</td><td>0.1</td><td>1,100</td><td>0.1</td></tr>
<tr><td>計</td><td>109,801</td><td>25.7</td><td>—</td><td>—</td></tr>
<tr><td rowspan="3">資格返戻等</td><td>資格返戻</td><td>84,383</td><td>19.2</td><td>231,541</td><td>26.6</td></tr>
<tr><td>事務返戻</td><td>17,626</td><td>4.0</td><td>146,343</td><td>16.8</td></tr>
<tr><td>その他</td><td>35,168</td><td>8.0</td><td>460,117</td><td>52.9</td></tr>
</table>

図表3　社会保険診療報酬支払基金における審査状況（平成26年5月審査分）（歯科, 全請求者分）

<table>
<tr><th colspan="3" rowspan="2">処理区分</th><th colspan="4">全管掌分</th></tr>
<tr><th>件数</th><th>請求1万件当たり件数</th><th>点数</th><th>請求1万点当たり点数</th></tr>
<tr><td rowspan="5">原審査</td><td colspan="2">請求</td><td>(件)
10,081,634</td><td>(件)
—</td><td>(千点)
12,269,230</td><td>(点)
—</td></tr>
<tr><td colspan="2">査定</td><td>51,826</td><td>51.4</td><td>4,844</td><td>3.9</td></tr>
<tr><td colspan="2">単月点検分</td><td>44,688</td><td>44.3</td><td>3,988</td><td>3.3</td></tr>
<tr><td colspan="2">突合点検分</td><td>508</td><td>0.5</td><td>42</td><td>0.0</td></tr>
<tr><td colspan="2">縦覧点検分</td><td>6,630</td><td>6.6</td><td>814</td><td>0.7</td></tr>
<tr><td rowspan="13">保険者等の申出による調整</td><td rowspan="7">再審査</td><td>原審どおり</td><td>20,685</td><td>21.2</td><td>—</td><td>—</td></tr>
<tr><td>査定（保険者）</td><td>19,087</td><td>19.6</td><td>3,909</td><td>3.3</td></tr>
<tr><td>単月点検分</td><td>4,356</td><td>4.5</td><td>504</td><td>0.4</td></tr>
<tr><td>縦覧点検分</td><td>14,731</td><td>15.1</td><td>3,406</td><td>2.9</td></tr>
<tr><td>審査返戻</td><td>1,162</td><td>1.2</td><td>3,719</td><td>3.2</td></tr>
<tr><td>計</td><td>40,934</td><td>42.0</td><td>—</td><td>—</td></tr>
<tr><td>原審どおり（医療機関）</td><td>301</td><td>0.3</td><td>—</td><td>—</td></tr>
<tr><td rowspan="2">医療機関</td><td>査定</td><td>153</td><td>0.2</td><td>▲59</td><td>▲0.1</td></tr>
<tr><td>計</td><td>454</td><td>0.5</td><td>—</td><td>—</td></tr>
<tr><td rowspan="4">突合再審査</td><td>原審どおり</td><td>364</td><td>0.4</td><td>—</td><td>—</td></tr>
<tr><td>査定</td><td>774</td><td>0.8</td><td>110</td><td>0.1</td></tr>
<tr><td>審査返戻</td><td>32</td><td>0.0</td><td>49</td><td>0.0</td></tr>
<tr><td>計</td><td>1,170</td><td>1.2</td><td>—</td><td>—</td></tr>
<tr><td rowspan="3">資格返戻等</td><td>資格返戻</td><td>34,758</td><td>34.5</td><td>46,148</td><td>37.6</td></tr>
<tr><td>事務返戻</td><td>5,006</td><td>5.0</td><td>6,412</td><td>5.2</td></tr>
<tr><td>その他</td><td>7,279</td><td>7.2</td><td>9,960</td><td>8.1</td></tr>
</table>

これらの資料から考えると，歯科の診療報酬請求の過誤は保険審査の段階では件数で1％，金額で0.1％が一般的と考えられます。医科に比して，減点査定の金額も件数も低い状態にあります。

(2) 全国の指導・監査の実態 (図表4参照)

(a) 指導・監査実施件数

平成24年10月1日現在の厚労省の医療施設調査では，医療機関数は177,191施設で，医科診療所は100,152施設，歯科診療所は68,474施設です。

最近5年間（平成20～24年度）の全国の指導は医科で個別指導6,784件，新規個別指導10,985件，集団的個別指導24,936件，ほかに指導・監査に関連する調査の適時調査は9,465件なされています。歯科ではそれぞれ6,479件，6,948件，24,373件，適時調査は89件となっています。一部，再指導などで重複する部分を除外して考えると，5年の間で，全体で50.8％の施設が何らかの指導や調査を受けていることになります。重複する分を考慮しなければ，5年間分の個別指導は医科で6.77％，歯科で9.46％の施設で実施されていることになります。そうすると，個別指導は1年当たりでは医科で1.35％，歯科1.89％実施されていることになります。

監査は，年度により施行件数に大きなばらつきがあります。最近5年間の監査は医科で326件（全体の医療施設の0.33％），歯科で192件（同0.28％）実施されています。

個別指導が監査への移行前の手続である点から，指導から監査に移行する確率は医科で4.81％，歯科で2.96％です。1年間で保険医療機関が監査を受ける確率は医科で0.065％，歯科で0.06％です。

監査での処分は，医科で保険医療機関の取消は87件，保険医取消は44件，歯科ではそれぞれ85件，98件です。監査から保険医療機関の取消になる割合は医科で26.7％，歯科で44.3％です。医科では，個別指導から監査を経て保険医療機関取消になる割合は1.28％，保険医取消になる割合は0.65％，歯科では，それぞれ1.31％，1.51％となります。

(b) 指導・監査による返還金

診療報酬の返還金は，指導で135.1億円，監査で60.6億円，適時調査で207.7億円になっています。審査の資料と異なり，返還金の内容や医科・歯

図表4　平成24年度における保険医療機関等の指導・監査等の実施状況について（厚労省）

区分		保険医療機関等（単位：件）						保険医等（単位：人）					
	年度	20	21	22	23	24	年度	20	21	22	23	24
個別指導	医科	1,177	1,227	1,399	1,428	1,553	医師	1,933	1,937	2,282	5,993	5,074
	歯科	1,190	1,337	1,341	1,253	1,358	歯科医師	1,229	1,447	2,040	1,900	1,854
	薬局	1,043	1,102	1,321	1,274	1,391	薬剤師	1,141	1,266	1,698	1,836	2,245
	計	3,410	3,666	4,061	3,955	4,302	計	4,303	4,650	6,020	9,729	9,173
新規個別指導	医科	2,135	2,387	2,219	2,039	2,205	医師	2,329	2,494	2,472	2,297	2,939
	歯科	1,289	1,357	1,390	1,390	1,522	歯科医師	1,309	1,426	1,521	1,607	1,921
	薬局	1,514	1,955	2,263	2,205	2,376	薬剤師	1,497	2,259	2,721	3,052	3,588
	計	4,938	5,699	5,872	5,634	6,103	計	5,135	6,179	6,714	6,956	8,448
集団的個別指導	医科	4,844	5,183	5,332	4,742	4,835						
	歯科	4,505	4,713	5,027	5,043	5,085						
	薬局	3,244	3,358	3,668	3,769	3,702						
	計	12,593	13,254	14,027	13,554	13,622						
適時調査	医科	1,201	1,824	2,099	2,124	2,217						
	歯科	3	54	0	10	22						
	薬局	16	62	18	140	170						
	計	1,220	1,940	2,117	2,274	2,409						
監査	医科	36	39	98	100	53	医師	107	112	263	225	147
	歯科	30	35	47	45	35	歯科医師	81	86	134	96	78
	薬局	3	11	14	16	9	薬剤師	12	25	38	39	17
	計	69	85	159	161	97	計	200	223	435	360	242
取消	医科	14	3	8	20	42	医師	13	2	7	10	12
	歯科	17	13	12	21	22	歯科医師	26	14	13	21	24
	薬局	2	0	2	4	8	薬剤師	2	0	0	3	6
	計	33	16	22	45	72	計	41	16	20	34	42

（注）「取消」欄の平成21年度以降の件数また人数は，取消相当を含む。

取消の端緒	年度	取消保険医療機関等数（単位：件）				
		20	21	22	23	24
保険者等からの情報提供		22	11	12	26	38
その他		11	5	10	19	34
合計		33	16	22	45	72

（注）平成21年度以降の件数は，取消相当を含めた件数である。

年度	返還金額（単位：万円）				
	指導によるもの	監査によるもの	適時調査によるもの	合計	対前年度比増▲減
20	252,258	113,854	219,136	585,248	―
21	212,360	91,543	257,138	561,041	▲24,207
22	273,106	161,291	320,000	754,397	193,356
23	207,754	63,513	558,133	829,401	75,004
24	405,599	175,799	722,491	1,303,890	474,489

科・薬局の区別がなく詳細検討に困難があります。ここでは返還金は医科と歯科が大部分であると考え,薬局分はないものとして計算します。

このデータから指導での返還金を考えると,指導での返還金は個別指導のカルテ数を30件とし,個別と新規指導の件数を10件とします。件数をかけると検査カルテ数が医科個別指導で203,520件,新規指導で109,850件,合計313,370件です。同様に歯科では,それぞれ,194,370件,69,480件,合計263,850件です。医科歯科合計検査カルテ数は577,220件です。指導の返還金は個別指導では1年分の返還金,新規指導では当該カルテ10件分のみです。したがって,返還金の大部分が個別指導のカルテから返還されていると考えられます。新規と個別指導の比率は68.9％です。総指導検査カルテ577,220件のうち個別指導カルテは397,890件,新規指導カルテの指導月分に限定した1/12に当たる2947を加えた400,837件が指導での返還金の根拠とします。1ヵ月当たりの指導返還金は112,583万円になります。この金額を400,837件で除した場合,カルテ1件当たりの返還金額に2,808円となります。

なお,個別指導では返還すべきとされた請求に対し1年分の返金を自主的に返還することになっていますが,実際にはそれほど多くの返還はされていません。筆者が知り得た返還金額の実際は指導での平均返還金額は2.3ヵ月分です。そう考えると1ヵ月の返還金額はさらに増大すると推定されます。医科と歯科の区分された正式な資料がないため,すべてを医科と考えた場合と,すべてを歯科と考えた場合で検討します。また,薬剤の返還金も医療機関が負担していますので,薬局分の返還金はないものとして計算しました。

指導件数での検討では,医科歯科の区別はできません。個別指導(医科6,784件,歯科6,479件,計13,263件)が返還金額の大半を示していると考えて,1件の個別指導での返金の平均は135.1億円／13,263件＝101.9万円になります。1年分の返還金と考えると,1件の指導の返還金月額で8.5万円となります。しかし,筆者が知り得た返還金額の実際は指導での平均返還金額は2.37ヵ月分であります。これを基準として計算しますと,返還金月額換算では43.0万円となります。

　　＊筆者が知り得た返還金額
　　　　返還金を指摘された8名の保険医は,12ヵ月分1名,2ヵ月分2名,1ヵ月分3

名，返金なし2名でした。平均は2.37ヵ月分の返金です。

(c) 指導の返還金額の実態

前述(1)(b)の医科の診療報酬請求100件当たりの保険審査での平均査定金額は7,326円であり，指導の診療報酬請求100件当たりの平均返還金額が280,870円です。保険審査の査定の38.3倍（(1)(b)の診療報酬請求金額の減点査定金額0.37％に比例させると保険診療報酬請求金額の14.2％の過誤請求）の金額となります。同様に前述(1)(c)の歯科の100件当たりの保険審査での平均査定金額は873円であり，指導では保険審査の査定の321.7倍（(1)(c)の診療報酬請求金額の減点査定金額0.072％に比例させると23.2％）の金額となります。他のカルテにも同様な誤りがあると仮定すると，すべてのカルテなどの検査が行われた場合，審査の減点査定（医科0.38％，歯科0.07％）を合計すれば，医科で考えると，通常の診療報酬請求金額では14.6％程度，歯科で考えると23.3％程度の過誤請求があると考えられます。

無論，指導の返還金額は，指導ですべての不当や不正請求が発見されているわけではない点や，自主返還であるため過誤が指摘された1年分を返金しているわけではない点を考えると，この過誤請求額は5倍以上となる可能性があること，逆に，保険診療報酬請求上の過誤請求が疑われた特殊なカルテの返還金額である点や指導対象カルテ以外の返還金が参入していること，必ずしも指導での返還金の要求を不当とするも，監査への移行阻止のため返還金を支払った保険医が存在することなどによって実際は返還金額が大きく減少することなど様々な事項も考慮しなければなりません。しかし，こうした点を考慮できる資料が入手できないため上記のように検討しました。

上記とは別に，診療報酬請求総額と指導の返還金の割合も検討してみましょう。厚労省の診療種類別概算医療費によると，平成24年度医療費全体は39.3兆円，医療施設は医療施設動態調査で177,205施設です。そのうち指導・監査が問題になりやすい小規模医療機関の医科の入院外医療費は13.4兆円，歯科医療機関は2.7兆円，合計16.1兆円です。同時期の指導・監査が問題になりやすい小規模医療機関数は医科診療所100,208施設，歯科診療所68,500施設，合計168,708施設です。これにより一医療機関の平均保険診療報酬請求額を算出すると，大学病院も含む全体では22,178万円，月額では

1,848万円になります。そのうち指導・監査が問題になりやすい小規模医療機関と歯科医療機関では，一医療機関の平均保険診療報酬請求額は9,543万円になります。月額にすると795万円です。これを判断基準にすると，1件当たりの指導の月額返還金額8.5万円は大学病院を含む一医療機関の平均保険診療報酬請求月額1,848万円の0.46％，指導・監査が問題になりやすい小規模医療機関と歯科医療機関では795万円に対し1.07％となります。

　なお，返還金の医科歯科別の金額が不明であるため，医科歯科別の検討はできませんでした。参考までに，返還金の割合は医科と歯科が同じ割合として検討すれば，医科と歯科に分けた場合，小規模医療機関では0.76％，歯科医療機関では2.59％でした。

　また，筆者が調査し得た指導での返還すべき実際の月額金額換算の43.0万円で計算すると，大学病院も含む全体では2.33％，小規模医療機関と歯科医療機関では5.41％となります。

　(d) 監査へ移行すべき返還金額

　指導で発見される過誤請求金額の割合については正確な統計情報がないため，確定的な判断に困難があります。今回，得られたこれらのデータから，指導・監査が問題になりやすい小規模医療機関では医科で1.07～14.6％，歯科で1.07～23.3％の過誤請求の指摘があるのは指導では通常であり，監査への移行には該当しないと考えられます。上記のどの数値を基準にすべきかについては問題のあるところですが，本書では厚労省の診療種類別概算医療費と医療施設動態調査の数値を基準に最小値である1.07％を標準的な過誤請求金額と考えました。

　なお，医科と歯科の返還金の割合が不明であり，それぞれの統一的な基準設定に困難があります。

　監査への移行にどの指標を使用すべきであるのかは難しい問題です。診療報酬審査での過誤請求の2σが1.76倍であるため，標準の1.76倍を超える過誤請求を監査に移行すべきと考えました。それによると1.88％となります。本書では総診療報酬請求金額の返還金額で2.0％を監査への移行基準と設定しました。

　行政が明確なデータを開示すべきでしょう。

(e) 指導の返還金額と件数の検討

指導・監査で過誤請求の件数を示す資料は発見できませんでした。請求件数と過誤請求金額は医科では請求金額の4.92倍，歯科では9.86倍です。過誤金額を1.88％とすると，過誤件数は医科で9.25％，歯科では18.5％になります。

本書ではこれらの数値を総合的に判断し，指導では，当該保険医療機関の保険診療請件数で医科と歯科で平均14％程度の過誤請求の指摘があるのは指導では通常であり，監査への移行は総カルテ件数の15％以上にすべきと考えました。

無論，審査と指導の返還金では，過誤に対する指摘事項が異なることや検査事項に差異があることなどの違いがあります。また，金額と過誤件数は診療報酬支払基金報告の割合と必ずしも比例しないでしょう。同じ過誤であっても，その内容の差も考えるべき点があります。この点も行政機関が正確な情報を提供すべきです。

(f) 監査の返還金額の検討

監査では検査されているカルテの件数が不明であり，100件当たりの返還金額が算出できません。1件当たりの返還額で検討すると，指導では1年分で101.9万円，監査では1,169.9万円，監査は5年の合計になりますので，1年当たりでは234.0万円です。監査では指導の2.3倍の返還額になります。厚労省の診療種類別概算医療費によると，平成24年度医療費全体は39.3兆円，医療施設は医療施設動態調査で177,205施設です。そのうち指導・監査が問題になりやすい小規模医療機関の医科の入院外医療費は13.4兆円，歯科は2.7兆円です。同時期の医療機関数は医科診療所100,208施設，歯科診療所68,500施設，合計168,708施設です。

これより一医療機関の平均保険診療報酬請求額を算出すると，大学病院も含む全体では22,178万円，月額では1,848万円になります。そのうち指導・監査が問題になりやすい小規模医療機関や歯科診療所では，一医療機関の平均保険診療報酬請求額は9,543万円です。月額にすると795万円になります。一方，監査の返還金を月額にすると19.5万円になります。

監査の平均返金額は大学病院も含む1件の医科・歯科医療施設の平均月額

診療報酬保険請求額1,848万円に対し1.1％になります。指導・監査が問題になりやすい小規模医療機関や歯科医療機関の平均月額診療報酬保険請求額795万円に対し2.45％となります。

なお，返還金の医科歯科別の金額が不明であるため，医科歯科別の検討はできませんでした。参考までに，返還金の割合は医科と歯科が同じ割合として検討すれば，医科と歯科に分けた場合，小規模医療機関では1.75％，歯科医療機関では5.94％でした。

(g) 保険医取消基準とすべき返還金額と件数

本書では指導から監査への過誤金額割合は総診療報酬請求金額の2％，件数で15％と規定しました。同様に，監査の過誤金額割合2.45％の1.76倍の返還金額4.31％を基準として，監査での保険医取消処分の基準は，総診療報酬請求金額の5％と規定しました。

請求件数と過誤請求金額は，医科では請求金額の4.92倍，歯科では9.86倍です。過誤金額を4.31％とすると，過誤件数は医科で21.2％，歯科では42.5％になります。医科と歯科を考慮しない平均的な件数では31.6％となります。過誤件数は指導での過誤が予測されるカルテではなく，監査はすべてのカルテを検査しているため，保険医取消の基準設定はこの基準値より少数のカルテ件数にすべきとも考えられます。そこで，本書では総カルテ件数の25％の件数を保険医取消の基準としました。

(h) 本書の基準設定の問題点

本書の基準値は最も厳しい基準になっています。この点については，保険診療は営利目的の業務ではなく，相互扶助制度の行為であるため厳格な基準にすべきとの視点で考えているからです。

指導での返還金は実際には1年分が正確に返還されていない可能性が高く，筆者に知り得た平均2.37ヵ月分を返還しているにすぎないとすると，基準値は5倍程度緩い基準になります。そうすると，指導から監査への移行基準値は，金額で年間総保険診療報酬請求額の10％になります。保険医取消の基準は25％になります。この基準のほうが実際的な基準かもしれません。現在の指導での返還金が数百万円を超えた場合でも，経過観察や再指導であることは稀でない事実がそれを物語っています。同様に，監査での返還金も処

図表5　平成24年各都道府県個別指導実施率（医科）

①上位5県

順位	個別指導率（％）
1位	奈良県　6.14
2位	新潟県　5.48
3位	山梨県　4.46
4位	滋賀県　4.11
5位	富山県　3.98

②下位5県

順位	個別指導率（％）
1位	広島県　0.32
2位	岡山県　0.40 北海道　0.40
4位	兵庫県　0.48
5位	青森県　0.75

分に必要な金額や件数に達した場合，それ以上の検査を控えることも十分考えられます。そうすると，保険医取消基準も本書の数値を下回ることはないと考えられます。

現在容易に入手できる資料の範囲では，医科と歯科の区分や診療報酬総請求額，返還金額とその内容の関係，問題となる件数が不明瞭なため正確な基準設定に困難があります。行政が明瞭な基準を設定すべきです。

(3)　指導・監査の地域間格差

都道府県別個別指導の実施状況（医科）を過去4年間で比較検討すると，総医療機関に対する最小の指導の実施率は大阪と神戸の0.1％に対し，最大は鳥取県の4％と大きな差がありました。平均は2％でした。北海道，東京，静岡，京都，大阪，兵庫，広島の各県は4年間一貫して指導件数が1％以下と少なく，標準偏差の1σ以下であります。逆に，富山，鳥取，高知，長崎，熊本，鹿児島の各県は2.5％以上であり，意図的な行政指導の方針が窺われました（なお，平成24年の実施率の上位・下位5県は**図表5**のとおり）。

同様に歯科の個別指導実施状況は最小の実施率は北海道，京都，大阪，兵庫，広島の各県で1％以下を示し，標準偏差の1σ以下でありました。一方，秋田，三重，徳島，愛媛，高知，大分，沖縄の各県は常に4％を超え，意図的な行政指導の方針が窺われました。指導を実施する医療指導官は厚労省の公務員が行っていますが，愛知県などでは医師会が委託を受け厚労省の嘱託職員として業務に当たっている地域もあり，指導員の均一性に疑問もあります。

指導の実施に関しては，公平・平等であるべき行政活動が恣意的に運用されている実態が明らかとなりました。

(4) 保険医取消の返金額とその内容

平成20・23・24年度における保険医療機関等の指導・監査等の実施状況では，112医療機関が保険医取消処分を受けています。返還金の最大は病院の看護基準の不正請求を主体とする189,491,000円，最小は眼科のコンタクトレンズ医療機関の診察料の不正請求の240,000円であります。前者は病院組織犯罪に該当する行為であり監査の範囲のものではなく，後者は指導で解決できる範囲のものと推測されました。これらは本来の監査業務の範疇でないと考えるべきです。返還金額は医療機関の規模や診療に伴う総保険請求額，診療内容により異なります。一般的な開業保険医の診療形態の場合，医科では病院や異常に少ない返金額の事例を除くと，18件で平均返還金額は1,215.9万円，歯科では26件で平均返還金額は411.2万円です。その内容は振替請求・付増請求・架空請求です。

〔2〕 岐阜県の実態

岐阜県の審査機関における上記と同一期間の減点査定は，全国に比して少ないです。件数では全請求646,544件に対し，1万件当たり123件（約1.2％），999円（約1％），資格返戻や事務返戻を除くと107件（約1.1％），676円（約0.7％）です。

指導や監査の場での検討であれば，より多くの過誤が指摘される可能性が高いと思われるのは，全国の場合と同じです。

〔3〕 指導・監査の影響

高点数指導により，保険医が指導に当たらないよう診療を委縮させているかの検討をするためには，1件当たりの平均点数の変化を検討することになります。しかし，患者数の変化や患者の重症度の割合や年齢層の違い，2年ごとの診療報酬の改定，診療行為内容の変化が複雑に関与しています。今回

は，これらの資料を得ることができないため判断できませんでした。ただし，指導に該当しない保険点数の開示を要求している保険医が少なからずいる事実があることから，委縮診療への影響がないと容易には判断できないと考えられます。

　指導・監査行政は，高点数指導が保険医を委縮診療へと導いていない証拠を示す必要があるでしょう。

〔4〕 指導・監査の判例とその意義

(1) 溝部訴訟

　平成16年4月に山梨社会保険診療報酬請求書審査委員会小児科委員・甲府市医師会副会長より「インフルエンザ感染症の確定病名が多い」との理由で，山梨社会保険事務局に溝部先生に対する個別指導を実施するよう要請されました。個別指導で問題にされた診療は，患者調査の結果，必ずしも不正に行われていなかったことが判明しました。その後，指導から監査に移行しました。監査の内容が無診察診療に変化し，それを主たる理由に保険医取消処分となった事例です。

　裁判では，①不正や不当とする事実の立証は監査対象者ではなく行政側にあること，②保険医取消処分は行政庁の裁量があっても，「行為の態様，利得の有無とその金額，頻度，動機，他に取りうる措置」などを総合的に判断する必要があるとし，保険医取消処分は無効と判示されました。

　前者については，厚労省や審査機関のインフルエンザの検査過剰の判断に対し，A型とB型のインフルエンザの異時性重複感染の検査を妥当と判断しました。同時に，厚労省側にそれを否定する立証責任のあることを明示しました。約20年前の筆者の経験でも，診療報酬点数表は現在と同じで，内視鏡での生検や病理の保険請求を臓器により三臓器まで可能との指示が出ていました。ところが，岐阜県の当時の審査機関は内視鏡での生検や病理の保険請求を一臓器分しか認めていませんでした。当時，筆者の複数臓器の保険請求に対しそれは不当であるとして，審査機関より数度の電話で直ちに複数臓器の請求を撤回し再提出することを求められました。筆者は審査機関に他県

の状況も含め請求の正誤を検討することを依頼し，最終的には筆者の請求が認められました。しかし，その後の新規指導の場で，すぐに撤回されはしましたが，一部の指導官からは一臓器でなければ不当請求との指摘を受けました。このように審査機関や指導官の判断は絶対ではありません。厚労省は必ずしも絶対的でない審査機関の判断に依拠して保険診療の適正を判断しています。ですから，厚労省が医療行為の当不当の判断をすることは決して容易ではありません。今後の指導・監査への影響は多大と考えられます。

　後者の保険医取消の行政処分の裁量に対する厚労省の基準は，不正診療（架空・付増・二重請求など）は保険医取消に該当し，不当請求（過誤請求など）は多数でなければ保険医取消には当たらないとしています。

　本判決では厚労省の示している基準と異なり，本件の保険医取消の判断は「行為の態様，利得の有無とその金額，頻度，動機，他に取りうる措置」などを総合的に判断することを必要としています。「利得の有無とその金額，頻度」は明確に判断可能で，客観的評価が可能です。ですから，本書ではこれを基準に新たな保険医取消の基準設定を検討しました。その点，「行為の態様」や「動機」や「他に取りうる措置」は個別の裁判では，量刑決定の重要な要素です。しかし，これらの事項は多様性があり，主観的判断も必要であり，一般的な取消処分の基準にはできない個々の事例ごとの特殊な性質のものと考えられます。本判決では，2万人を超える嘆願書が提出され，インフルエンザの流行時には，小児科の保険医は極度に多忙になることや小児の患者も高熱の状態で受診することに困難があり，営利を目的とした無診察診療ではなかったことや，患者の利便性のための診療であることが悪性度の低い行為と判断され，本判決に大きな影響があったと推測されます。

　本判決は，厚労省が公正な判断としている「医師会や他の医療関係団体，審査機関の判断」を否定したこと，及び，旧来，行政は指導・監査の方法や処分の幅広い裁量を主張し実行してところ，それに一定の歯止めをした点で，医療者側から高い評価を受けている判決です。

　ただし，判決書で「他に取りうる措置」がない場合に保険医取消をするとの判断を示しているところ，「指導で改善が期待できるならば保険医取消はない」と反対解釈をして，とりあえず，できるだけ多くの請求をして問題が

指摘されるまでは診療報酬を取り放題であると解釈すべきではありません。裁判は一定の拘束力を有し，同種の訴訟に影響を与えますが，あくまで，個別具体的事例での判断にすぎないことに注意しなければなりません。

また，これまでは，行政が一方的に不正や不当を主張し，立会人がそれを否定しなければ，その不正や不当が認められてきていました。監査対象者が行政の示す不正や不当でないことを立証するのは証拠集めなど大変な労力を要し困難でもありました。この点，本裁判はその不正や不当の立証責任が行政にあることを明示している点でも大きな成果です。

さらに，行政の裁量逸脱を初めて認めた点も重要です。裁量逸脱といえるかどうかは，社会通念上著しく妥当性を欠くかどうかが判断基準とされました。そして，社会通念上著しく妥当性を欠くかどうかは，違反行為の内容と処罰の重さが比例していること（比例原則），監査要綱の基準のほかに諸事情を考慮することが示されました。監査要綱のみならず，諸事情を幅広く考えて，違反の程度と処分の程度が釣り合っていなければならないことが明確に示されました。

このほか，指導や監査では，第三者の学識経験者が中立的立場で指導・監査の適正を担保することになっていますが，本件では，その立会人が不正請求を告発する立場にありました。結果的には，中立の立場の関係者を欠いた指導・監査が行われた点は大きな問題があるとしなければなりません。この点に対する議論がまったくないことは不思議なことです。

(2) 細見訴訟

溝部訴訟に先立つ裁判例です。2003年（平成15年）6月23日，細見眼科の従業員が社会保険事務局に「手術をしていないのにしたこととして不正請求（架空請求）をしている」との情報提供を行い，指導に引き続き監査になった事例です。手術に対する不正はありませんでしたが，別件の振替請求を主な理由として保険医取消になりました。

神戸地裁の判決では原告の振替請求を認定したものの，経済的にはむしろ損失を生む診療であり，患者の利益を考えた診療であって，自己の利益を目的とした悪質性がないことを理由に保険医取消の無効判決をしています。ただし，その後の高裁判決では一転して，再度，保険医取消となっています。

この裁判は，保険医に対する行政処分について，立会人を重視した医療界の独自の判断を否定し，比例原則に基づき，保険診療の目的と悪質性に比例した処分の考え方を明示した点で画期的な判断でありました。前述した，溝部訴訟に大きな影響があったと推測されます。

(3)　その他の保険医療機関取消無効請求の事件

　平成25年4月26日名古屋高裁でも指定通所リハビリテーション事業所の指定取消処分の取消請求が認められています。この裁判では行政手続法14条について，「当該処分の根拠法令の規定内容，当該処分に係る処分，基準の存否及び内容並びに公表の有無，当該処分の性質及び内容，当該処分の原因となる事実関係の内容等を総合考慮してこれを決定すべき」と述べ，行政の恣意的判断を否定しています。

　こうした行政裁判では，裁判官が既存の行政秩序を合理的観点で判断しているといえます。原告である保険医の訴えを認めることは，国民の多数意思である国会の統制下にある行政の制度を否定することにもなりかねません。したがって，刑事事件の被告と異なり，被告である行政に明白な誤りがなければ原告の勝訴にはなりません。この点を考慮して以上の3件の判決を考えれば，現在の指導・監査の制度はもはや機能していないと考えなければならないのです。

(4)　M歯科医師事件（裁判記録閲覧より）

　○○県健康福祉部地域福祉国保課より，M歯科医院が水増し請求をしているとの情報提供があり，個別指導では診療録の不備と混合診療が疑われました。個別指導は15分程度。厚労省側はM保険医に同意を求め，カルテのコピーを行いました。厚労省側は指導で改善要求をせず，監査に移行となりました。監査理由は，患者調査で架空請求，付増請求，二重請求を疑われたためです。

　平成23年8月2日から25年6月20日まで24回の監査が行われました。監査は医療指導官が机を叩いて不正請求を認めるよう保険医に自白を強要したことや，不足カルテを過誤事実の隠ぺいのごとく扱い執拗に探させるなどの行為がありました。そのため，歯科医師の妻が精神的困窮状態となり精神安定剤の過量服用による救急搬送を招く事態に追い込まれることも生じました。

同県の医療関係団体はM歯科医師にこの窮状の支援を要請され，地方厚生局に監査理由の提示など適正な監査を要求する要請書を提出し，適正監査を要請しました。その後も監査に変化がないため，上記団体は地方厚生局側に赴き，面談にて所長に直接，適正手続による正当な監査を要望しました。それでもこの状態に変化がなかったため，H衆議院議員に行政調査を依頼しましたが，議員の活動も無視されたため，議員が衆議院厚生労働委員会で監査の状態や方法について厚労相に質問。その後，一旦，監査中断となり，監査官の一部変更が行われましたが，1年後に監査再開となりました。

　その後の長期間にわたる監査の結果，M歯科医師は架空請求，付増請求，二重請求，振替請求があると判断されました。これらの行為が故意になされているとして，平成26年3月12日地方厚生局は保険医取消処分を行いました。なお，M歯科医師は，過誤請求はあるも故意による不正はしていないと強く主張しています。

　M歯科医師は取消処分の不当を訴え，同年6月9日に，地方裁判所に提訴。同年10月3日に取消処分の執行停止命令が出されました。処分の事実に対しての証拠では27名中8名が行政の聞き取り調査に異議を申し立てる書状の交付をしています。処分の前提である事実に誤認があることや比例原則違反であること（「行為の態様，利得の有無とその金額，頻度，動機，他に取りうる措置」などを総合的に判断），特に金額的には約4200万円／年の診療報酬に対して返還金80万円は多いとはいえず，他の取消例との比較でも低金額であることや監査が社会通念を逸脱した方法であったことを主張し係争中です。

　本件の原告は過誤による不当請求を認めていますが，行政は故意による不当請求を主張しています。過誤と故意の違いは保険医が自白したら故意，そうでなければ過誤になる点で今後の調査方法や処分のあり方に大きな影響が出るでしょう。また，監査の場で，指導官が脅迫的態度をとり精神的困窮を招いたことや精神的な負担限度を超えた監査期間の長さは問題となる点です。必ずしも論点になっていませんが，自由意思を損なう形の調査が憲法35条を逸脱した行政調査行為と判断されるのかの点でも注目が集まる事件です。当該保険医や職員の生活の困窮を来たす保険医取消処分を念頭に置く指導・監査でも，行政調査に対する川崎民商事件（第3章〔3〕参照）の最高裁

判例を踏襲するのかが問題となります。同時に立会人・聴聞・地方保険医療協議会が保険医の事情を検討すべき機能をしていない状態も確認できます。

(5) カルテの開示拒否事件（T事件）

　岐阜県で平成21年10月22日から第1回目のT歯科医師への個別指導が行われました。個別指導に際し，カルテの開示を要求されました。T歯科医師は，刑法134条により患者に了解も得ずカルテを開示することは秘密漏洩の問題があること，行政手続法上では指導が任意のものであること，個人情報保護法での守秘義務があることなどからカルテ開示に疑問を感じていました。そこで，T歯科医師は「レセプト明細書の請求項目に関してカルテ記載項目があるかどうかを問えばカルテの記載どおりに答える」と回答しました。しかし，医療指導官は「それは出来ない。」と返答し，「行政はカルテ開示をしても良い事になっている。」と返答しました。T歯科医師は，カルテ開示の法的根拠が不明であることを理由に開示拒否をし，医療指導官に法的根拠の提示を求めるも，カルテ開示の法的根拠は示されませんでした。T歯科医師は回答すれば開示に応じることを約束し，第1回目の個別指導は終了し，指導は中断となりました。これについては，弁護士より刑法134条を含む根拠法令の解釈の明示を求めましたが，行政は「健康保険法で指導の権限が行政にあるためカルテの開示は可能」との回答でありました。しかし，健康保険法には刑法を排除する規定の明記はなく理解しがたい回答と考え，その後に，刑法を排除する根拠について再回答請求をしましたが返答はありませんでした。2回目の指導でも刑法134条や個人情報保護法に対しての議論がなされましたが，結論はでませんでした。指導は中断となり3回目の個別指導が行われました。個人情報の解釈については，行政は健康保険法73条の規定があり，個人情報保護法23条1項の規定（法令に基づく場合）と書面で回答しました。T歯科医師はカルテの開示を認めるが刑法の罪責を問われた場合，行政の責任とすることを提案するも，指導官は「保険医の責任」と回答しました。

　3回目の指導では，N指導官はカルテ開示をしなければ，指導拒否とみなし，監査を行う旨を伝えました。やむなく，T歯科医師はカルテを開示して個別指導を受け，総評としてカルテはよく書けているとして個別指導は終了

しました。その指導は指導官の一方的なものであり，指導に対する改善書の提出や返還金を求められました。指摘事項に対して，T歯科医師は改善書を提出しましたが，2項目の改善内容に対して問題があるとの理由で改善書の書き直しを求められました。

厚労省が歯科医療上の錯誤に基づく改善書の再提出を指示したことに対し，T歯科医師は平成22年7月22日に総務省岐阜事務所の評価事務所に，指導官の行為は指導対象者の任意性を否定するものとして，行政手続法違反である旨の申立てをし，調査を依頼しました。

その結果，T歯科医師に沿った解決が図られました。この間に，平成22年10月29日には，個人情報保護法23条の適用に対し，同法の適用は第1号ではなく，第4号に変更したとの連絡があり，謝罪の申し出もありました。

本件は裁判事例でなく広く国民に認知される事例ではありません。しかし，指導を行う指導官が根拠法令を確認せず，保険医取消権限を誇示し強制力を行使していることや，立会人が十分に機能していないことを示す事例として教訓的であります。総務省の行政評価機構は役割を果たしていることは注目に値します。

(6) 伝聞情報での指導返還金事例

○○県で医科と歯科の個別指導が行われています。いずれも指摘事項をそのまま受け入れた場合，1年の総額では返金額700万円以上に相当する過誤請求が指摘されています。いずれの事例も返還金は100万円以下で済まされています。両事例の指導結果は2番目に軽い経過観察と再指導です。

指導の結果は概ね良好・経過観察・再指導・監査の4区分に分けられます。前二者に区分されると一般的には良好な保険請求をしていると判断されています。本件の返金額は多額であり，それでよいのか疑問がある事例です。

第 3 章

指導・監査のあるべき姿

　指導・監査のあるべき姿については，第1章「指導・監査の基礎的問題」で，問題点を指摘しました。ここでは保険医の人権や指導・監査の必要性と許容性について説明します。

〔1〕 保険医の人権

　保険医も国民の1人であり，当然に基本的人権を有します。保険医固有の人権は診療に際しての医師裁量権や医療経営に対する営業の自由があります。また，その自由は形式的ではなく実質的に平等な条件の下で行使しえることになっています。
　保険指導の場合でも，同様に基本的人権は保護されます。これらの法規のうち指導に関する具体的権利は，保険指導を理由に，みだりに保険医を取り消すなどの暴言を受けない権利（行政手続法34条），医師裁量を妨害されない権利（憲法13条など），医業の営業を妨害されない権利（憲法22条など），理由なく高点数医療機関であるとして差別されない権利（憲法14条など）などがあります。

〔2〕 指導・監査の必要性

　人権の保護は必要ですが，自由を認められた人が他人の権利を侵害することがあります。この他人の自由を侵害しないための公権力による自由の制限が公共の福祉と称される自由の制限です。保険医療制度の場でも，適正医療

を無視した診療を展開する医師や自己あるいは第三者の利益を目的として不当に保険財源を浪費する医師もいないわけではありません。そうした診療が横行すれば，公平公正であるべき保険医療制度は瓦解してしまいます。そのため，保険診療を管轄する行政は公平公正な保険医療制度保護の目的で保険診療を管理する必要があります。この目的の達成のために保険指導や監査が行われます。これが指導・監査です。

保険指導は，保険診療の適正や診療報酬の手続適正を，不正や不当を抑止する目的で，周知徹底することにあります。すなわち，教育的指導が目的とされます。

一方，監査は，保険診療に何らかの不当や不正が疑われる場合に，当該事実の有無や程度や期間などの事実関係の確認のため行政調査として行われます。その結果，必要に応じ行きすぎた自由を制限すべく処分行為がなされます。

なお，指導・監査の具体的な目的は，公衆衛生の向上や生命の保護，健康の増進・維持に寄与する医学的適正，説明義務の履行や適正医療の供給などの医療現場での適正，さらには健康保険法上の細則である診療報酬点数表や療養担当規則との適合を図ることにあります。無論，診療行為は個別具体的な行為であり，当該医療機関の態様・診療時点の患者の多寡・当該患者の疾患・その軽重・合併症の有無・年齢・生活環境・経済的事情などの当該患者に個別の特別な事情を考慮して判断されるものです。当然，監査の処分行為も個々の診療が持つ特別な事情や違法性の強弱・違法性阻却事由，それに対する責任性の程度，処罰の必要性を検討して判断されることが原則です。

〔3〕 指導・監査の許容性

保険医療制度の秩序維持が必要であっても，国民のための保険診療が妨害される形での指導は許容性の限界を超えます。保険医の自由を制限できるのは指導や監査の目的達成に不可欠な必要最小限の制限に限定されます。指導は任意の協力の下で行われる点を考えると，指導の方法が行政の裁量で決定し得るとしても，健康保険法の目的を妨げる事柄は排除されていると解釈す

べきです。それ故，指導対象者の診療妨害となる日時や持参物の要求は不当なことと判断されます。

　監査は，患者の健康を損なうことや保険財源に損害を与えるか既に損害が発生していると考えられる場合に限定して行われるものです。保険医療の公益性と医師個人の自由とを比較した場合，問題行為を阻止する公益性が重視されます。そのため，一定の権利侵害が許されているものです。また，監査は詐欺罪や業務上過失致死傷罪の取調べの端緒になる点や，事実上の国家刑罰権の行使である保険医取消処分に連動するものです。

　監査の方法の観点からは，監査は行政調査であり，犯罪捜査ではありません。監査対象者の自由な意思を大きく阻害することが許容されるわけではありません。また，被疑事実が錯誤である場合もあり，監査は必要最小限の権利侵害に留められなければ，人権侵害となります。すなわち，監査の目的を明示し，目的外調査や時効が過ぎた内容の調査，過度に長時間の調査，過度に長期にわたる調査，脅迫的言辞や抗弁事由の正確な調査をしないことは禁止されていると考えるべきです。

　処罰性の観点からは，保険医取消処分に関連して，保険医の自殺が多発しています。そのため，監査の保険医取消処分は刑事罰に準じた違法性の有無，違法性を阻却する事由の有無とその程度，責任性の有無，処罰性の有無を意識すべきです。そのすべてを満たさない場合は保険医取消処分の該当性に疑問が生じることを認識すべきです。これらの一部が欠けた調査による処分は違法を形成する可能性が高く，人権侵害となっている可能性を強く考えなければなりません。

　この点，税務調査が保険医の監査に似ているとする意見がありますが，税務調査では不当に得た利益を吐き出させることはあっても，利益が減少や消失するのであって，生活を継続するのに困難を来たすような損害は生じさせません。保険医は監査で保険医取消を決定されると生活に困難が生じます。保険医自身以外にその家族や従業員にも被害が及びます。そのため，保険医取消やそれを危惧する保険医に，自殺者が多発してきたのです。

　上記のように，監査は行政裁判の働きを有しています。すなわち，監査は行政調査と糾問式裁判的な判断が混在する状態の不思議な行政活動といえま

す。監査の立会人や地方保険医療協議会などの制度管理機能は設定されていますが，裁判例にみられるように良好には機能していません。

　手続適正の観点からは，人権侵害を回避するためには監査対象者の防御権が保障された監査でなければならないことは行政手続法から考えても当然のことです。特に，刑事罰の可能性が考えられる場合には，弁護士の依頼や自己負罪拒否特権の存在に言及した上での監査が必須です。人権保護の観点からは，この手続を無視した監査によって得られた証拠の証明力は著しく低減するかないものと同じ扱いとすべきです（刑事裁判では，違法に収集された証拠は証拠から排除されることが判例で確立されています）。

　＊税務調査での判例（川崎民商事件：最大判昭和47年11月22日刑集26巻9号554頁）
　　と指導・監査
　〔事案〕
　　川崎税務署が川崎民主商工会員の1人に対し，所得税の過少申告の調査のため帳簿書類などの検査を行った。ところが，被調査者は黙秘権も行使。事実上の検査拒否の事案である。そのため，被調査者は所得税法に規定される検査拒否罪で起訴。一審・二審は有罪。最高裁判所大法廷は，下記のごとく判示した。
　　憲法第35条第1項（令状主義），同第38条第1項による供述拒否権（黙秘権）の保障は刑事手続に類似するものにも適応があり，行政手続にも適応はある。しかし，税務調査は行政調査であり，刑事責任を追及するものではない。「相手方の自由な意思をいちじるしく拘束して，実質上，直接的物理的な強制と同視すべき程度にまで達していると」される場合でなければ，憲法第35条に違反しない。憲法第38条第1項（黙秘権）については「実質的に刑事責任追及のための資料の取得収集に直接結びつく作用を一般的に有する手続には，ひとしく及ぶものと解」されるが，税務調査は刑事責任を追及する目的ではなく，所得税徴収を目的とする手続であるため，憲法第38条に違反しない。
　〔解説〕
　　保険指導・監査との関係：指導・監査も税務調査と同じ行政調査になります。社会の公益性を保護する点では類似の行政活動ではありますが，異なるのは，税務調査での追徴課税は不当利得の返還にすぎないのに対し，保険医取消処分は保険医業務が行えなくなる点で生活権の侵害を伴うことで，死刑宣告にも等しい影響があり

ます。保険医取消処分を巡っては、数々の自殺事例を生じていることが、その効果の大きさを物語っています。そのため、税務調査とは必ずしも同性質とはいえず、むしろ、刑事手続に類似すると考えるべきであり、憲法35条・38条の適応のあり方が問われます。

〔4〕 一般社会との接点

(1) 国民との関係

　指導や監査は、通常、一般国民には知られていないことです。保険診療は高度専門性があり、一般国民は診療報酬点数表が正しいか否かは判断できません。一般的に、行政行為は公平・公正・法的安定性があり、国民は正しい判断とせざるを得ません。しかし、診療報酬の適正やその運用が容易には国民の代表である国会議員にも判断できるものではないため、国会でも正しい行政監視ができてはいません。まして、その適否が問題となる指導や監査での問題は国民の関心外となっています。

　しかし、1件当たりが高点数の医療機関に対する繰り返しの指導は委縮診療を招き診断の遅延や健康の維持を困難にしている場合がないとはいえません。この点は医療界が国民に丁寧な説明をすべきですが、なされていません。

(2) 弁護士との関係

　行政手続法に則った指導がなされれば、強圧的な指導はそもそもできないはずで、保険医は任意の協力をすればよく、弁護士が必要となるような事態にはならないはずです。

　ところが、指導の実際は、カルテの改ざん防止を目的に指導前日に指導対象カルテを連絡するなど、保険医を被疑者のごとくの扱う指導になっています。具体的には、第5章「指導・監査の実態と問題点」〔2〕「指導の問題」、〔3〕「監査の問題」で記述しているような保険医取消権限を背景にした様々な問題があります。そのため、保険医は弁護士にこれらの人権侵害の防止を期待せざるを得ない状態にあります。また、指導は保険医取消につながる監査への入り口になっています。そのため、保険医は弁護士に監査に移

行しない指導の受け方についての対応方法を期待しています。

　監査ではそれがより重要度を増します。監査後，保険医取消処分になる保険医療機関の割合は医科で26.7%，歯科で44.3%と高率です。監査はこの保険医取消処分と名づけられた刑事裁判的判断を行うものであるため，それに習熟した司法関係者の参加は不可欠と考えられます。この観点で，本当に弁護士が必要な事態は監査のときです。

　しかし，問題の本質は保険医療の適正であることは忘れてはなりません。一般的には，弁護士に依頼できるのは指導・監査の手続適正と医療関係法令以外の他の法規との整合性を担保してもらうことです。医療内容に対しては弁護士にあまり期待はできません。そうであっても，医療内容についても，問題があれば，弁護士にその旨を伝え対処方法などの検討をすべきです。この場合，知り合いの保険医にも参加してもらい，弁護士と共に検討したほうがよいでしょう。

(3)　マスコミとの関係

　国民は保険料の支払額についての負担の多さに不満があります。しかし，その支出の状況の適否はあまり問題にされてはいません。本当に大切なことは，公金である保険収入が国民の生命の保護や健康の維持増進に支出されているのかの問題です。マスコミは，よりよい医療保険制度を国民参加の意思決定の下に決めるべく正しい情報を発信すべきです。保険財源の支出に関与する指導・監査の正確な状況を伝えるべきです。

　医療界や司法界がこれでよいとしても，国民が適正な医療を受け，安心できなければ良好な指導・監査制度設計とは考えられません。この点で，保険医はマスコミ関係者に問題点を十分に理解してもらう努力が欠かせません。

第 4 章

指導・監査問題とその歴史

〔1〕 指導・監査の歴史

　昭和10年までは日本医師会が団体請負をし，指導・監査をしていた。
　昭和11年より行政が指導・監査を始めた。
　昭和17年に健康保険法の規定ができ，診療録検査権を得た。
　昭和24年に監査要綱が定められた。
　昭和27年に自殺者が発生（高塚技官監査事件）。同29年に指導大綱が定められ，指導後改善なき場合に監査を行うことになった（後述の厚生省・日医・日歯との申し合わせ）。
　昭和32年に健康保険法が改正され指導と監査が区別された。同34年に埼玉と宮城で監査後に自殺者が出る。同35年に監査より指導を優先する指針を決定（厚生省・日医・日歯）。同40年に山口で監査後に自殺。
　昭和55年富士見産婦人科病院事件（後述）。指導・監査の強化の指示。同62年国民医療総合対策本部が指導・監査の強化を指示し，保険給付指導官の設置と職務規程を示す。
　平成5年に富山で個別指導を苦に自殺。同6年に行政手続法施行。同7年に京都で歯科技官の増収賄事件発生。新指導大綱で，個別指導に先立つ，集団的個別指導の形式を採用。高点数医療機関が指導対象者になる。指導対象者の選定に対する医師会の関与を排除。
　平成9年に大阪で安田病院事件（後述）。同10年に国民健康保険法で保険医取消期間が2年から5年，不正請求の返還金に対する加算額の割合が10%から40%になる。新規指定は，集団指導から（新規）個別指導が優先になる。

平成15年に岐阜県の元上席医療事務指導官が在職中に知った情報で保険医を恐喝し，懲役刑となる。同19年に東京で個別指導を苦に自殺，同23年新潟の個別指導で自殺事件。同23年5月31日，東京地裁で溝部訴訟の保険医取消無効判決。
　平成23年8月5日に保険医が新潟で自殺。その10日前に指導があり問題となる。
　平成26年3月岐阜県の歯科医師が保険医取消となり，裁判で，取消処分の執行停止となる。
　平成26年8月22日に日本弁護士連合会が「健康保険法等に基づく指導・監査制度の改善に関する意見書」をまとめ，8月25日に田村厚労相や都道府県知事に提出。

〔2〕　指導・監査運用基準の変更

　指導・監査は財政的な診療報酬の拠出の困難や不正診療・不正請求問題があると強化策がとられ，保険医の自殺者が問題化すると指導・監査の緩和策がとられてきました。問題が発生すると，厚労省は日医（日本医師会）・日歯（日本歯科医師会）を関与させ，医療界の統一的な意思決定の形を作出し指導・監査を行ってきました。自殺者や医療事件や贈収賄事件が生じる都度，変更が繰り返されていますが，抜本的な解決は行っていません。別の言葉でいえば，医療界も行政も，このままの指導や監査で贈収賄事件や自殺者が出ることを否定していないとも考えられます。それでよいのでしょうか。

　＊厚労省と日本医師会及び日本歯科医師会との申し合わせ（昭和35年2月13日）
　　　監査の経験を踏まえ，指導で不正や不当請求を防止できる事例が多いことを前提とし，医師会が行政と協力し自主的に会員の指導をする。指導を行っても改善されないものについて監査を行う。指導はその必要性のあるものを優先し個別指導を行う。個別指導の上で必要に応じて患者調査を行うが直ちに監査の扱いをしない。

　＊富士見産婦人科病院事件（昭和55年）
　　　昭和55年9月11日，所沢市の富士見産婦人科病院で，手術の必要のない患者の手術を行うなどの不適切な診療が問題となり，関係者が医師法違反，保健師助産師看

護師法違反で逮捕され，民事でも損害賠償の支払命令も確定した事件。

＊安田病院事件（平成9年）

　平成9年7月28日，安田病院が818万円の診療報酬を騙し取ったとして，病院長が詐欺容疑で逮捕された事件。当該病院は繰り返しの適時調査で発見されなかった在籍職員の水増しによる診療報酬不正受給等により保険医療機関の指定を取り消された事件でもある。

第 5 章

指導・監査の実態と問題点

〔1〕 診療報酬の保険審査の問題

① 保険医の医学的・薬学的判断が尊重されず，保険医は行政の画一的な基準の当てはめによる査定を強制されている。
② 減点理由の開示が明瞭でない。理由の詳細な開示は裁判が必要であり，面倒である。
③ 審査委員の選任も公平性・公正性・透明性を欠く。
④ 病名漏れなどの錯誤請求に対する再審査請求手続が面倒。
⑤ 保険請求の内容が複雑で，多岐に亘り錯誤が生じやすい。
⑥ 保険請求に必要な算定要件が多すぎる。形式的で不要な算定要件もある。

　指導や監査と保険の審査は別物であるとの考えもありますが，審査の基準が保険診療の適正を示す点で，指導や監査の原点になります。そのため，保険診療の診療報酬の在り方や手続の簡略が指導・監査問題の基盤になります。
　医療は当該医師と患者にとって最良と考えられる診療の提供が基本です。保険診療であっても同じです。保険医はその診療の対価を診療報酬点数表に当てはめて保険請求をします。その請求の適正を判断するのが審査です。保険医は診療の請求をレセプトにして審査機関に請求して，審査機関の決定に従い支払機関から支払を受けます。しかし，実際の診療では，保険医が当該医療行為に対し保険請求しても，審査機関に不適当と判断され，対価が得ら

れないことも生じます。

　この点、厚労省は保険診療における医薬品の取扱いについて「55年通知」（後述）で医学的審査をすることを決めていますが、極めて限定的な運用になっています。この通知をもとに保険請求をした場合、事務的な誤りを除き多くは減点対象にならない可能性もあります。しかし、医学的な適正の判断は当該患者の個性、すなわち疾患の軽重・他疾患の合併・居住状況・年齢・経済的事情など様々な要素で異なります。審査委員会の決定は抽象的な一般的患者を想定しています。保険医は個別の患者に適合した医療を判断して診療に当たります。そのため、審査委員会と保険医の判断とは異なることも稀ではありません。決定された判断を変更させるには再審査請求の手続が必要となります。一件当たりの支払拒否の金額が数百円など少額である場合などでは、面倒な手続でもあります。さらには、事実はとにかく、審査機関の決定に不服を唱える不良保険医と烙印を押されて、より厳しい審査になるとのうわさもあります。この点を考慮し、多くの保険医は再審査請求をしていないのが現状です。

　保険指導の観点では、指導対象者の保険医はそうした矛盾も含めた議論が必要となります。そのため、指導対象者になると、準備時間が限られる中、カルテやレントゲンなど膨大な持参資料の準備を余儀なくされ、カルテの記録をもとに診療内容の正当性を示す当該患者の様々な事情を記憶から呼び戻す面倒な作業が必要になるのです。その面倒を回避するために指導対象者に抽出されないことを多くの保険医は願うことになります。保険医の医師裁量を最大限に発揮できるよう、我々はこうした問題を回避できる簡略な過誤が生じない保険請求の在り方を考えるべきです（第2章〔1〕(1)(b)「診療報酬請求の審査から見た過誤請求の実態（医科）」参照）。

　保険請求の内容やそれに関わる手続要件が、年を追うごとに、複雑になっています。保険医が努力に対する対価を求めた結果、それぞれの労務に対する対価を評価し続けた結果です。医療を営利産業と考えず、医療従事者が生活できる保証さえあれば無理に営利を目的とする診療報酬の請求方法をとる必要もないとも考えられます。しかし、この点は、保険医の間で意見が分かれるところです。

指導・監査の視点から，診療報酬請求要件が診療行為とその実施に付加される人的要件・施設的要件・実施方法の要件などを複雑化し，錯誤を生じやすくなっています。誰もが錯誤を生じない簡略な診療報酬請求方法を考えるべきではないでしょうか。

＊厚生労働省の昭和55年通知

(昭和54年8月29日，橋本龍太郎・厚生大臣より日本医師会会長・武見太郎宛)

1．薬効表示について，医学と医師の立場が全く無視され，製薬企業の資料のみによる病名決定で用途が規定されることは誤りでありました。

　厚生大臣としては，薬理作用を重視するものであり，能書については，薬理作用の記載内容を充実する方向で改善するよう，薬務局に対し指示いたしました。したがって，医師の処方は薬理作用に基いて行われることになります。

2．社会保険診療報酬支払基金においても，これを受けて学術上誤りなきを期して，審査の一層の適正化を図ることとし，また，この点について，都道府県間のアンバランスを生じないように，保険局に対し指示いたしました。

3．以上により，医師の処方権の確立が保証されるものと考えます。

4．国民医療の効率化を図るためには，プライマリー・ケアの確立等地域医療の充実が必要であり，また，これとともに，医学常識から極端にはずれた診療等に対して，その是正を強力に進めてまいる所存であります。

＊保険診療における医薬品の取扱いについて

　保険診療における医薬品の取扱いについては，別添昭和54年8月29日付書簡の主旨に基づき，下記によるものであるので通知する。

　なお，医療用医薬品については，薬理作用を重視する観点から中央薬事審議会に薬効問題小委員会が設置され，添付文書に記載されている薬理作用の内容等を充実する方向で検討が続けられているところであるので申し添える。

記

1．保険診療における医薬品の取扱いについては，厚生大臣が承認した効能又は効果，用法及び用量（以下「効能効果等」という。）によることとされているが，有効性及び安全性の確認された医薬品（副作用報告義務期間又は再審査の終了した医薬品をいう。）を薬理作用に基づいて処方した場合の取扱いについては，学術上誤りなきを期し一層の適正化を図ること。

2．診療報酬明細書の医薬品の審査に当たっては，厚生大臣の承認した効能効果等を機械的に適用することによって都道府県の間においてアンバランスを来すことのないようにすること。

〔2〕 指導の問題

① 指導対象者の選定基準の不合理。
② 高点数医療機関の指導の理由を明示しないこと。
③ 選定理由・目的の不開示。
④ 指導カルテの改ざん防止を目的に，指導対象カルテの通知が前日と4日前であるが，指導対象者を刑事事件の被疑者のごとく扱うこと。
⑤ 指導が健康保険法の目的を逸脱し，国民の受療権や保険医の営業権妨害・保険医の診療を妨げる指導日時や指導場所の設定。
⑥ 指導時の持参物も同様であり，指導に使用しない持参物の強要。
⑦ 犯罪捜査に類似する証拠収集を目的とするカルテの開示強要やコピー，患者調査。
⑧ 行政が指導対象者の医学的・薬学的判断に対する質問や抗弁に丁寧に対応していないこと。
⑨ 指導官により指摘事項や指導方法に大きな差があること。
⑩ 指導後の自主返還の強制やこれに従わない場合の監査への移行を明示すること。
⑪ 指導後の改善報告書記載の提出を強制すること。
⑫ 指導結果に対する説明責任が尽くされていないこと。
⑬ 指導が監査と連動する仕組みは，監査が保険医取消の処罰に連動しているため，健康保険法の原点である法の透明性を図る目的と異なる処罰を目指す制度になっていること。

指導の方法は健康保険法に規定がないため，行政の幅広い裁量があるとされています（成田訴訟判決文，本章〔3〕「監査の問題」(2)(b)参照）。そのため，保険医の人権が上記のようないろいろな形で侵害されることが適法であるかのように思われています。しかし，行政は，憲法順守義務や行政手続法などの

具体的な規範を無視したり，公平・公正や説明責任などを排除して無制限に自由に活動することまで保障されているわけではありません。それどころか，公務員職権濫用罪に抵触している可能性も示唆されます。

指導の問題を大別すると，(1)「指導対象者の選定」，(2)「指導方法の問題」，(3)「制度上の問題」，(4)「保険医の意識の問題」，(5)「弁護士帯同の必要性」，(6)「立会人の問題」，(7)「医療関係団体の問題」に分かれます。

(1) 指導対象者の選定

厚労省は指導大綱で指導対象者を決定しています（巻末付録〔10〕「指導大綱」参照）。指導の目的が適正な保険診療や保険請求手続の周知徹底という法の透明性を目指しているのならば，指導対象者は指導大綱に定めるような悪質性を問題とするような保険医ではなく，幅広くすべての保険医とすべきでしょう。

現行の選定基準のように悪質な保険医の抽出を目的としているならば直接監査をすべきでしょう。もっとも，監査であるから現在のような方法をとってよいかは別の問題です。悪質性の程度により監査の方法は変化させるべきです。原則として，監査は現在の指導で行っている調査方法がそのまま適用されるべきです。悪質性が高い場合，現在の監査に類似した方法をとるべきでしょう。この点は第6章で詳述します。現在の指導対象者の選定は各県で異なり，選定の基準も悪質な保険医を選択する目的のように思われます。よく問題となるのは1件当たりのレセプトの平均点数の高い高点数医療機関の保険医の指導です。振替請求や付増請求をすると1件当たりの請求は高くなるため一定の合理性のある理由ではありますが，それもレセプト内容を検討して選定すべきです。まして，平等原則の視点からは高点数医療機関をそうでない医療機関と差別し，高点数医療機関の保険医に対する繰り返しの指導はその必要性が不明です。行政は合理的理由を挙げて説明すべきです。それができないならば，高点数保険医をその他の保険医と不当に差別していることになり，憲法14条違反と考えられます。

こうした細かな問題以前に，悪質な保険医を抽出する目的で指導を行っていること自体が，行政指導の本来の目的である適正な保険診療や保険請求手続の周知徹底という法の趣旨の実現から逸脱している点に大きな問題があり

ます。
　　＊指導対象者の選定の発端となる情報提供
　　　① 内部告発
　　　② 保険者の通報
　　　③ 審査機関からの情報
　　　④ 同業者からの情報
　　　⑤ 医療関係団体の情報など

　なお，高齢化が急速に進展している中で，国民の生命や安心できる生活を守るため，良質な医療へのアクセスはその重要性が一層増してきています。わが国の保険医療は，患者負担を低く抑えることで，すべての人に必要な医療を提供する，世界に誇れる制度であります。そして，すべての国民に一義的に提供される医療であるからこそ，適切な医療水準とそれを保証する行政活動が不断に要求されるものであり，保険医療担当者には必要に応じて指導が行われることとなっています。社会保険医療担当者指導大綱によれば，指導方針の項において，指導は「保険診療の取り扱い，診療報酬の請求等に関する事項について周知徹底させることを主眼とし，懇切丁寧に行う。なお，指導を行うに当たっては，医師会，歯科医師会及び薬剤師会，審査支払機関並びに保険者に協力を求め，円滑な実施に努める。」こととされています。すべての保険医に保険請求の適正を図れる指導対象者の選定が必要です。

(2) 指導方法の問題

　保険指導は，保険診療を向上させるための保険診療の秩序維持が目的です。そのため，保険診療に支障を来たす指導方法は基本的には違法になるというべきです。公務員であるとしても，観光地の管理や業務を行う場合には，土曜日や休日を休みにはしていません。消防官や自衛官なども同じです。保険医が指導日時や場所，持参物に関して異議を申し立てているのは，行政が本来守るべき保険診療に支障を来たす方法を採用しているからにほかなりません。指導対象者に選定されたら，この点を明瞭にして変更を申し出るべきです。その場合，従わなければ監査し保険医を取り消すなどと脅迫されたときには保険医はそれを行政評価事務所に申し出て，地方厚生局の担当

者に改善をしてもらうべきです（行政手続法34条）。

　カルテの前日指定は，前述のように指導対象のカルテを検討し，個別の事情を記憶から引き出す作業が必要となるため，あえて無理なことを要求しています。その理由はカルテの改ざん防止にあるともいっています（2014年7月25日東海北陸厚生局との懇談会発言）。これは指導対象者を被疑者とみなす行為であり，指導の目的を逸脱した行為でありますので，抗議すべきです。ただし，指導対象者が異議を申し立てても解決しません。医療関係団体でこの違法状態を排除するよう働きかけるべきでしょう。この問題は医療界がその違法性の認識を持てていないことに大きな問題があると思われます。

　自主返還金をどうするのかも問題になります。多くの場合，指導官の顔を立てて一部を返金することが行われています。問題のあった過誤の保険請求であれば全額返金すべきです。それは新規指導でも同じです。指導官と診療の適正に対する考えが異なる場合や特別な事情があれば，それを明示して返還金を拒否すべきです。マスコミでは自主返還金を不正な診療報酬詐取と報道します。医療界はこれに対し，悪意のない錯誤であるとマスコミに抗議を繰り返しています。それで，国民の理解は得られるのでしょうか。「瓜田に履を納れず，李下に冠を正さず」のことわざもあります。

　ここで注意すべきは返金することの意味です。原則は政府の機関で適正な診療に対する診療報酬の請求方法を定め，保険医であれば容易に請求ができることを前提に診療報酬点数表が策定されています。通常の保険医であれば正しい保険請求ができるにもかかわらず，過誤請求したとすれば，そのことは重過失，さらには故意とも解釈されかねません。その結果，医療費や税金である公金を適正な保険診療が行われたとの保険者の錯誤を利用して詐取したとされれば，詐欺と非難を受けても不思議がありません。金額が少額であればともかく，高額であれば，一般的には詐欺罪で刑事告発されるべき事態であることを認識していなければなりません。現在のところ，民事上の不当利得返還請求のみが行われていますが，必ずしも，それで済まされる問題でないことは考えるべきです。また，取消となった保険医が詐欺容疑で警察に刑事告発される可能性もあります。

　高圧的な態度をとる指導官の問題もあります（指導大綱第2「指導方針」）。問

題は指導官に指導能力がない場合と当人の人格的問題に区別されます。前者については行政が必要な知識を教育すべきことです。後者の問題は容易には解決できません。保険医は具体的な問題行動を明瞭にして医療関係団体に異議申立てを行い，改善するしか方法はありません。指導対象者が後に指導を受ける保険医のことを考えて行動しているかどうかにかかっているのです。この点は，医療事故の対応と同じで，保険医はその意識が希薄なため，乱暴な指導でも問題化しないと考える指導官が生じてきたのです。

(3) 制度上の問題

制度上の問題は深刻です。指導と監査が連動しているのは歴史的な問題があります。指導は初期のころは医師会が私的に運営してきました。保険請求の適正を図る行政活動は，それを踏襲する形で医療界独自の方法で行われています。いわば，医療界自治区内での特殊な行政活動であり，一般法である行政手続法から事実上排除され運営されてきました。現在でも，愛知県では医師会保険医療担当者が指導官に採用され，医師会主導の指導がなされています。

現在の指導・監査制度は，単に，保険診療の秩序の保護を目的にするものでありますが，事実上，懲罰を目的にしており，刑事裁判の判決と同様の効果を持っています。そう考えると，①罪刑法定主義★1に反し，自殺を招きかねない処分（懲罰）である保険医取消が行政の判断一つで行え，一方的に保険医を問い詰める糾問式の手続であること，②公開が原則の裁判に反し透明性を欠いていること，③目的の異なる指導と監査が混同されていること，などの点で明らかに適正手続（憲法31条）の下にある法体系から逸脱しています。いろいろな事情の中で今日の指導・監査制度が作られたのでしょうが，一般常識からは明らかに逸脱しています。この状態に対し，平成26年8月に，日本弁護士会は次のような提言をしています。

★1 罪刑法定主義
　　犯罪行為に対しどのような刑を科すかについては，国民の意思を反映させ国会で決定，その犯罪行為を国民にあらかじめ明確にし，それ以外の活動が自由であることを保障すること。慣習刑法の禁止・刑罰の均衡・刑法の類推解釈の禁止・法の不遡及などがこの罪刑法定主義から導かれる。

日弁連の意見書

2014年（平成26年）8月22日
日本弁護士連合会

1．選定理由の開示
2．指導対象とする診療録の事前指定
3．弁護士の指導への立会権
4．録音の権利性
5．患者調査に対する配慮
6．中断手続の適正な運用について
7．指導と監査の機関の分離及び苦情申立手続の確立

(4) 保険医の意識の問題

　医療は高度専門性があります。専門性を保護するための規律は，医療従事者だけにしか決定しがたい一面を有しています。ヒポクラテスやナイチンゲールの精神がそれに当たります。指導・監査の問題も医療界独自の判断で医療界内部や一般社会の秩序維持が可能であれば，一般の国民から批判は受けません。

　現実は医療関係の事故・事件が発生し，社会問題化すると共に，指導や監査に対しても内部の調節が働かず，一般法に照らした裁判上の判断を求める事態になっています（細見・溝部訴訟など）。指導・監査とは別に，癌患者への告知を含め，医療界独自の患者保護精神は変化してきています。司法判断は，一般社会の契約法理を踏まえた判断基準を基盤にする波及効果を示してきました。つまり，患者と医療者が共同して病気に立ち向かうとする医療界独自の取り決めが崩れつつあり，新たな医療は問題の発生と共に，患者が医療商品を医療者から購入する医療へと変更されてきているのです。これは教育界やスポーツ界で生徒に対する教育的な暴力行為も通常の暴力行為と認識されつつあることと同じ構造です。

　指導・監査の制度は社会が是とする一般法も考慮し，保険医や国民が納得できる運用方法を決定できなければ適正な制度にはなりません。主体は保険

医自身であるはずですから、保険医自身がそれをしなければ外部の社会が制度を作らなければならないことになります。

　保険医自身が直接の業界人であり、診療報酬請求制度やその制度維持機能である指導・監査制度を理解していることは当然であります。社会公益性を求められる立会人は、さらに、それ以外の行政法などの知識や公権力を規制する憲法の関連条項を知っておくことは当然の義務です。現在、この当然の行いができていないことこそが問題なのです。

(5) 弁護士帯同の必要性

　指導が保険診療や保険請求方法の改善を目指す教育的行政活動であれば、弁護士を帯同する必要性はありません。指導は、行政が保険医に助言や勧告をするだけのもので強制力はありませんし、不利益処分を禁止されているからです。指導に弁護士を関与させることは、反対解釈をすれば、指導が弁護士を必要とするような人権侵害ありきのものであることを前提としていることになります。指導の本旨を理解すれば、弁護士の帯同を必要とすることは異常な活動です。

　しかし、現実には監査を目的とする指導が混在しています。処分を目的とした刑事裁判的判断を前提とした指導であれば保険医に被る不利益を最小限にとどめる防御をしなければなりません。このような場合に弁護士の帯同に意義が生じます。これは指導と名づけられた監査であることを認識すべきです。

(6) 立会人の問題

　指導には学識経験者が立ち会うことになっています。この立会人の存在は医学的知識を補助する必要を考えた制度のようにも考えられますが、実際の運用は医師会・歯科医師会より立会人が選任され、医師会員・歯科医師会員である指導対象者の人権が侵害されることを回避することを期待する一面があります。ところが、現実には立会人が指導対象者の保護をせず、行政側の運営を補助する形になっています。指導・監査は医師会・歯科医師会の協力を前提とする行政です。そのため、指導対象者は行政と立会人に対峙することになってしまいます。立会人は人権保護規定や行政法、契約法理を熟知しているわけではありません。指導対象者が暴力的あるいは脅迫的言辞を行使

した指導・監査行為をされても，それを排除していません。

　立会人に求められる医学的知識についても，①医学的な適正，②一般臨床として行われる医療水準，③当該指導対象者の個別の患者に対する医療事情や医療者の技術の特性を判断する能力などを要求されますが，大多数の立会人はこの条件を満たしていません。その結果，指導対象者は，人権の側面と医療の側面の両面で，孤立して指導を受ける状態にあります。具体的な事例では，指導官が保険医取消の要件をとうとうと述べることや，指導から監査に移行し保険医取消を行う場合があることを，その必要性がないにもかかわらず，指導の開始前に述べるなどの問題行為が指摘されています。その一方，保険医の権利については何の説明もありません。これに対して，立会人は指導官の発言を抑止しなかった事例があります。また，癌患者に対する診療で除外診断をしたところ，多数の病名をつけないことを指示した事例もあります。医療上の必要を説明する保険医に対し，立会人が「指導に従ってください。」と述べ，単に行政側の支援をした事例もあります。

　現在のような保険医取消に連動する運営で行われる指導・監査は刑事裁判に匹敵する一種の行政裁判です。不服があれば，最終的な決定は本裁判で争われることになりますが，その前に社会的信用は失墜し保険医としての生命は毀損されてしまいます。この点は極めて重要です。そのため一般常識では立会人を引き受ける場合，保険診療の知識以外に，立会人は最低限の幅広い医学的知識や人権保護規定，行政法の法知識を持っていることが条件になると考えられますが，そうなっていないことは大きな問題です。

　指導が保険診療の適正や診療報酬請求の方法を周知するものである場合は問題ありませんが，現実の指導は監査が混在しています。指導側が監査を念頭に置き指導（実際には監査）しているか，そうではないのかは指導対象者には不明であります。したがって，指導対象者は刑事事件の被告に似た状態にならざるを得ないのです。そうであれば，監査やその後の処分（保険医取消を含む）に直結する指導では，刑事事件の裁判と同じく，現行の立会人ではない指導対象者を保護する同僚医師や弁護士が必要となります。

　＊第168回国会　厚生労働委員会　第2号議事録〔平成19年10月25日（木曜日）〕
　　舛添厚労大臣答弁：監督官だけじゃなくて，きちんと第三者，学識経験者，これを

今入れることになっていますから，そういう人がついていって，暴言を吐くようなことは許さないシステムになっているはずなのです。しかし，それが機能していないということは大変ゆゆしいことであります。

(7) 医療関係団体の問題

医療関係団体は傘下の会員を保護する目的を有しています。したがって，会員である保険医が指導・監査で診療を妨害されるようなことがある場合，医療関係団体は当該指導・監査対象者の保護をする義務があり，立会人を出すことなどで指導対象者の保護をすることになっています。

一方，医療関係団体は指導・監査問題以外にも多くの問題を対処しなくてはなりません。多くの社会的政治的問題の解決には社会的な力量を必要とします。政党や他団体の協力が必要なことも多いのです。そのためには，多くの会員（選挙人）と資金力（会費）を必要とします。そのことが政党の協力や他団体への影響力を生むからです。

この作業は少数弱者を対象にするのではなく，より多くの会員による多数意思の集約が絶対条件になります。そのため，保険医の絶対的少数者である指導対象者は保護の対象にはなりません。まして，監査対象者の保護は論外となってしまいます。さらには，不正や不当な診療報酬請求による保険財源を損なう行為を行っている可能性のある保険医を保護することは反社会的行為となるため保護できません。立会人の資質の問題とは別に，医療関係団体は指導・監査問題には深く関与できない本質的な利益相反の問題を持っているのです。別の表現をすると，診療報酬点数で初診料を増点することは多くの会員の賛同を得られますが，不正の可能性のある1人の指導・監査対象者の保護には，必ず反対者が出現し，医療関係団体内の意見の集約に困難を生じるのです。

実務において，医療関係団体が行いうることは，①指導・監査の実態を情報提供すること，②不服がある場合，同僚医師の相談，行政評価事務所などへの不服申立ての方法，弁護士の紹介などに限定されてしまいます。

例外的に，指導・監査・処分取消訴訟支援ネットは全国的に指導・監査対象者を，唯一，保護してきています。また，指導・監査に関連する法令とその解釈も発信しています。その結果が溝部訴訟の判決につながっています。

＊指導・監査・処分取消訴訟支援ネット
　・支援ネット代表世話人：高久　隆範
　・事務局：岡山県保険医協会内（岡山市内）
　　電　話：086（277）3307

〔3〕　監査の問題

　監査は，保険診療や診療報酬請求に問題があり，「療養の給付に関して必要があると認めるとき」に行われます。医師会や歯科医師会と厚労省の申し合わせ（前掲52頁参照）では「指導を行っても改善されないものについて監査を行う。」ことになっています。ただし，指導を行っても改善されないものとは具体的に何かは不明です。

　監査事務の内容と手続（流れ）についてまとめると，69頁の**図表1**のとおりです。

　監査における問題点は下記のように集約されます。

① 監査対象者の選定基準を明示すること。
② 監査の理由開示をすること。少なくとも，対象カルテのコピーが終了した時点で，理由と監査の方法や日時設定の開示をすること。
③ 患者調査は監査対象者の信用を損なわない形で施行すること。
④ 患者調査は誘導尋問をしないこと。
⑤ 私選弁護士，あるいは，経済的事情で困難がある場合には，国選弁護士の帯同を義務づけること。
⑥ 医師・歯科医師の帯同を認めること。
⑦ 監査対象者が威圧的と感じないような雰囲気で監査をすること。
⑧ 監査対象者に十分な質疑を確保し，十分な説明をすること。
⑨ 監査理由に限定した調査をすること。別件逮捕のごとき手法をとらないこと。
⑩ 処分基準を明確にすること。
⑪ 処分を行う場合，処分の内容と共に同様事例での処分事例を明示し，特異な処分でないことを明示すること。

⑫　処分に対する不服に監査対象者が納得できる対応をすること。
⑬　監査対象者が納得しない場合は，処分を執行せず，裁判上の決定に従うものとすること。

　監査の問題も指導と同じ問題があります。大別すると，(1)「監査対象者の選定」，(2)「監査の方法」，(3)「制度上の問題」，(4)「保険医の意識」，(5)「弁護士の帯同」，(6)「同僚医師の立会」，(7)「医療関係団体と監査対象者との関係」，(8)「保険医の自殺と保険医取消の問題」，(9)「聴聞と地方医療協議会」に分かれます。

(1)　監査対象者の選定

　健康保険法の監査基準は「療養の給付に関して必要があると認めるとき」です。ここにいう「必要」は保険診療を損なう保険診療を意味すると考えられますが，具体的には不明瞭です。そのため，何らかの問題が提起されれば，行政は強制力をもっていつでも監査を行いうることになっています。監査対象者の選定は恣意的運用の疑惑が常にあり，不公平との不満とそしりは避けがたい状態にあります。

　それは形を変えると，指導官に対する贈収賄事件や監査対象者になりうる保険医に対しての恐喝事件になります（事例1，2など）★2。

　監査の端緒となる指導対象者の選定は，指導大綱において一定の基準が示されています。ただし，指導は診療報酬請求の方法と適正な保険診療の普及をする目的での選定基準であり，指導対象者に対する人権侵害を想定していません。しかし，現状の監査は保険医取消という処分が示す強い人権制約性があり，監査対象者の選定は厳密であるべきです。この点，指導の基準を原点としてはあまりに大まかであり粗雑であります。例えば，指導の選定理

★2　〔事例1〕恐喝事件
　　2006年9月，保険請求に不正があると言いがかりをつけて保険医を恐喝。岐阜県の保険指導官Y容疑者ら5人を恐喝未遂容疑で逮捕。
　　〔事例2〕2010年汚職・贈収賄
　　社会保険事務局が行う横浜の眼科診療所の指導・監査をめぐる汚職事件で，厚生労働省の課長補佐S容疑者を収賄容疑で逮捕。業者側に，事務局の監査対象になりにくい条件を具体的に示していた。

〔3〕 監査の問題   69

図表1　保険医療機関等に対する監査事務の内容とその流れ（原則として実施）

```
個別指導
事前調査
  （レセプト再点検，患者調査）
調査結果の検討
監査決定（通知）
監査実施
  （指定・登録取消）　（指定・登録取消相当）　（戒告・注意）
厚生労働省保険局への内議
地方社会保険医療協議会答申
指定・登録取消
  （地方厚生（支）局）
通　知
  ・行政処分対象者
  ・都道府県知事
  ・保険者団体
  ・都道府県医師会等
  ・支払基金等
公　示
報　告
  ・厚生労働省保険局医療課
医療指導監査室
  ・他の地方厚生（支）局
診療報酬の返還
```

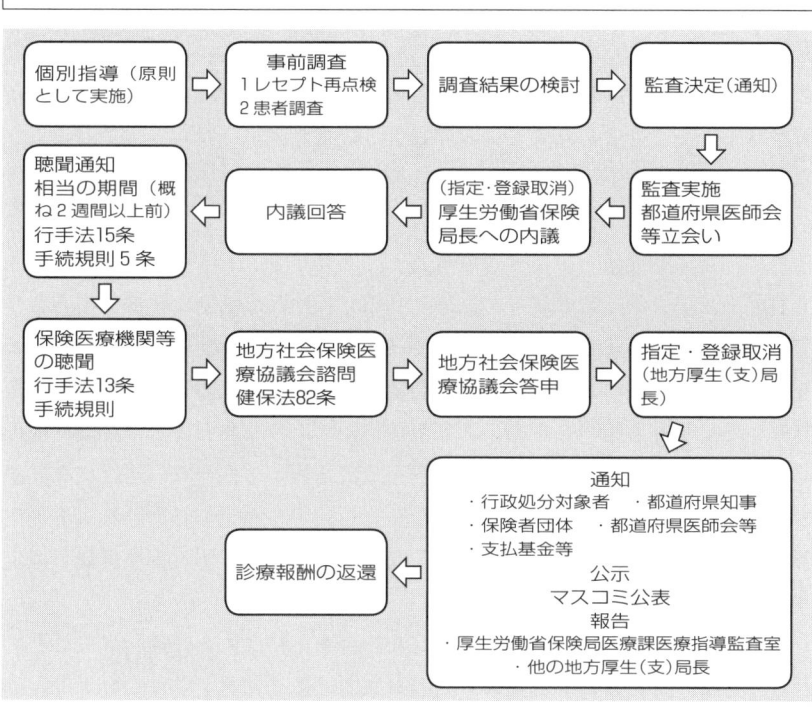

個別指導（原則として実施）→ 事前調査 1レセプト再点検 2患者調査 → 調査結果の検討 → 監査決定（通知）

↓

監査実施 都道府県医師会等立会い

↓

（指定・登録取消）厚生労働省保険局長への内議 → 内議回答 → 聴聞通知 相当の期間（概ね2週間以上前）行手法15条 手続規則5条

↓

保険医療機関等の聴聞 行手法13条 手続規則 → 地方社会保険医療協議会諮問 健保法82条 → 地方社会保険医療協議会答申 → 指定・登録取消（地方厚生（支）局長）

↓

通知
  ・行政処分対象者　・都道府県知事
  ・保険者団体　・都道府県医師会等
  ・支払基金等
公示
  マスコミ公表
報告
  ・厚生労働省保険局医療課医療指導監査室
  ・他の地方厚生（支）局長

← 診療報酬の返還

由である1人当たりの高点数医療機関であれば，1件の過誤請求を発見すれば，直ちに監査に移行でき得る点にそれが表れています。そのため，監査に該当する不正や不当診療の内容，具体的な事例を例示列挙し，監査対象者の限定をすべきです。また，監査該当事実と共にその程度も明示すべきであります。

一方，現在の監査は，指導と監査に関する昭和35年の「厚労省と日本医師会及び日本歯科医師会との申し合わせ」(前掲52頁参照)以降，指導で改善が認められない場合に監査をすることになっています。そうすると，一度は上記の問題行動を起こしても改善さえすれば監査にはならず済まされることになります。そうであれば，保険医があえて不当・不正な請求をして利得を得た後，指導で問題を指摘されたらまた別の不当・不正な請求をしても，指導の都度，改善すれば平穏に診療できることになります。繰り返しの詐欺による利得を得ても，その不当を指摘され改善すれば問題なしとすることと同じであり，社会通念上，理解しがたい制度であります。

この社会通念からかけ離れた申し合わせに対し，現実には，厚労省は監査対象者と判断した場合，形式的な指導を行い，改善の余地なしとして監査が行われているようであります。この場合，改善の余地の判断は誰がどのように判断するのかが不明であり，恣意的運用は避けられない不備があります。

法的基準を考えるならば，保険診療を損なう行いは2つしかありません。1つは「生命や健康を損なう医療行為」であります。もう1つは「保険財源を自己あるいは第三者の利益のために利用し保険医療制度に経済的損害を与える行為」であります。この2つの要件から導かれることは，監査の対象となるのは，健康被害が出ている医療機関と不正不当な保険請求をしていると判断するに足りる相当な理由がある医療機関であります。前者は警察や他の医療機関からの通報，後者は審査機関や患者情報が事件発覚の端緒になります。いずれにせよ，この基準に沿った監査対象者の選定をしなければ不平や不満はなくならないと思われます。監査者にこれに該当する旨を告知し選定すべきであります。

別の観点からは，指導で強く抗弁した場合などには監査に移行することも否定できない仕組みにあるため，指導対象者は監査に選定されないよう行動

することが指導の場で要求されています。そのためにも選定基準の確立は重要であります。

＊監査の選定基準（監査の選衡標準，厚生省昭和29年12月28日）

> 診療内容及び診療報酬の請求の不正または不当とは，次のものをいう。
> 1．診療内容の不正
> 　　実際の診断名（誤診の場合を除く）にもとづく診療とは異なる不実の診療行為をなすこと。
> 　　診療上必要がないのに，研究の目的をもって検査を行うこと。
> 　　通常の場合において，外用薬を一度に10日分を投与すること。
> 　　診療取扱手続について，不実または違法の行為をなすこと。
> 　　例えば，診療録に，実際の診療行為と異なるものを記載すること（保険病名の記載）。
> 2．診療内容の不当
> 　　実質的に妥当を欠く診療行為をなすこと（療養担当規則の診療方針または医学通念にてらし，妥当でない診療行為をなすこと。）
> 　　例えば，診療担当規定に定める診療方針または医学通念にてらし，必要の限度を超え，または適切若しくは合理的でない診療を行うこと。すなわち濃厚診療，過剰診療，過少診療を行うこと。
> 　　傷病が生活または環境に原因するものと認められたにもかかわらず，これに対して指導しなかったり，その指導が適切でないこと。
> 　　診療取扱手続について，実質的に妥当を欠く行為をなすこと。
> 　　例えば，診療録の記載が乱雑であったり，不明確であること。
> 3．診療報酬の請求の不正
> 　　不実の請求をすること。
> 　　例えば，診療の事実がないのに請求すること。すなわち往診をしていないのに往診料を請求し，5本行った注射を7本として注射料を請求すること。
> 4．診療報酬の請求の不当
> 　　診療報酬請求手続について，実質的に妥当を欠く行為をなすこと。
> 　　例えば，請求明細書の様式が所定の様式でないこと。

>   次の場合には不正または不当があったことを疑うに足るものとして，被監査医療担当者を選衡すること。
>   (1) 支払基金の審査状況からみて，左のいずれかに該当し，かつ，その理由が明らかでないもの。
>   イ 一件当たりの点数が著しく多いもの。
>   ロ 一件当たりの点数が著しく多くはないが，取扱い総件数の多いもの。
>   ハ 一件当たりの点数が著しく多くはないが，一件当たりの日数が多いもの。
>   ニ 取扱い件数の著しく多いもの。
>   ホ 投薬または注射の多いもの。
>   (2) 完全看護，完全給食に関する施設の調査，その他保険給付に関する患者，関係者，診療録の調査等から，保険医診療，診療取扱状況が適正でないと認められるもの。
>   (3) その他不正・不当があったことを疑うに足るもの。

＊監査と取消処分（監査要綱，厚労省平成7年12月22日）

> 1．監査
>   保険医療機関等の診療内容又は診療報酬の請求について，不正又は著しい不当が疑われる場合等において，的確に事実関係を把握するために行う（健康保険法第78条等）。
>   なお，監査完了後，確認された事実に応じ，必要な措置（取消処分・戒告・注意）が採られる。
> 2．監査対象となる保険医療機関等の選定基準
>   監査は，次のいずれかに該当する場合に，地方厚生（支）局及び都道府県又は厚生労働省並びに地方厚生（支）局及び都道府県が共同で行うものとする。
>   1 診療内容に不正または著しい不当があったことを疑うに足りる理由があるとき。
>   2 診療報酬の請求に不正または著しい不当があったことを疑うに足りる理

由があるとき。
3　度重なる個別指導（「指導大綱」に定める「個別指導」をいう。以下同じ。）によっても診療内容又は診療報酬の請求に改善が見られないとき。
4　正当な理由がなく個別指導を拒否したとき。
3．監査後の措置
取消
　　監査後に採られる行政上の措置の一つ。保険医療機関等の指定取消処分及び保険医等の登録取消処分のことであり，次のいずれかに該当する場合に取消処分の対象となる。
① 故意に不正又は不当な診療を行ったもの
② 故意に不正又は不当な診療報酬の請求を行ったもの
③ 重大な過失により，不正又は不当な診療をしばしば行ったもの
④ 重大な過失により，不正又は不当な診療報酬の請求をしばしば行ったもの

　　取消処分を受けると，その旨が公表されるほか，原則として5年間，保険医療機関等の再指定及び保険医等の再登録を受けることができないこととなる。

戒告
　　地方厚生（支）局長は，保険医療機関等又は保険医等が次のいずれか1つに該当するときは，戒告を行う。
① 重大な過失により，不正又は不当な診療を行ったもの。
② 重大な過失により，不正又は不当な診療報酬の請求を行ったもの。
③ 軽微な過失により，不正又は不当な診療をしばしば行ったもの。
④ 軽微な過失により，不正又は不当な診療報酬の請求をしばしば行ったもの。

注意
　　地方厚生（支）局長は，保険医療機関等又は保険医等が次のいずれか1つに該当するときは，注意を行う。
① 軽微な過失により，不正又は不当な診療を行ったもの。
② 軽微な過失により，不正又は不当な診療報酬の請求を行ったもの。

> 4．取消相当
>   本来，取消処分（保険医療機関等の指定取消，保険医等の登録取消）を行うべき事案について，保険医療機関等が既に廃止され，又は保険医等が既にその登録を抹消している等のため，これら行政処分を行えない場合に行われる取扱いであり，取消処分の場合と同様，取消相当である旨が公表されるほか，原則として5年間，再指定（再登録）を受けることができないこととなる。
> 注1 「故意」とは，自分の行為が一定の結果を生じることを認識し，かつ，この結果が生ずることを認容することをいう。また，「故意」の認定は，聴取内容や関係書類の客観的事実をもって判断する。
> 注2 「重大な過失」とは，医療担当者として守るべき注意義務を欠いた程度の重いものをいい，「軽微な過失」とは，その程度の軽いものをいう。
> 注3 「不正」とは，いわゆる詐欺，不法行為に当たるようなものをいい，「不当」とは算定要件を満たさない（診療録に指導内容の記載が不十分である等）ものをいう。
> 注4 「しばしば」とは，1回の監査において件数からみてしばしば事故のあった場合及び1回の監査における事故がしばしばなくとも監査を受けた際の事故がその後数回の監査にあって同様の事故が改められない場合。

〔社会保険医療担当者の監査について（昭和28年6月24日付け保険発第134号）〕

[解説]

　現在の監査の基準です。過誤のない保険医は皆無でしょう。それにもかかわらず，どの程度が「しばしば」であるのか不明であり，重大な過失と軽微な過失の境界も不明です。恣意的な監査が行われかねません。下記に故意について記述します。

> ・故意（刑法38条に規定有）
>   違法性があるとの反対動機の形成が可能な程度の事実認識があり，反対動機の形成が可能であったにもかかわらず，あえて違法な行為をすること。
> ・未必の故意

犯罪結果の実現は不確実だが，それが実現されるかもしれないことを表象し，かつ，実現されることを認容し違法な行為をすること。
・過失
通常の事故発生の予見と結果回避の義務を尽くせば回避可能であったが，それを怠り事故を発生させること。
故意が「意図的」であるのに対し，過失とは「不注意」を意味する。結果の発生を予測し，それを回避する行動をとる義務（注意義務）があったのに，「不注意で」これをしなかった場合に「過失がある」とされる。意図的にしない場合は，故意が認められる。
・重過失
重過失とは刑法上は結果の予見が極めて容易な場合に予見しないことや，予見するも著しい注意義務違反のために危険な結果を回避しなかった場合の過失を指す。軽過失はそれ以外を指す。
民法上は不注意ないし注意義務違反が甚だしい場合が重過失とされ，そうでないものは軽過失とされる。

(2) 監査の方法

　監査は事実関係を調査する行政活動であり，逮捕のような強制力を持つ公権力の行使ではありません。しかし，その結果は刑事事件の取り調べと酷似し，保険医取消などの処分に連動し，悪に対する懲罰に関連しています。この処分は医療が保険診療を主体としているため，事実上の医療界からの追放を意味し，当該保険医のみならず，その家族や従業員の生活を破壊し，自殺を誘発することになるのです。そのため，保険医取消処分は単なる行政処分ではなく，国家刑罰権の行使と同視できるのです。すなわち，現在の監査は単なる行政調査ではないことを前提に監査の方法を検討すべきです。
　監査の方法での問題点は，①理由の開示がないこと，②調査を「必要」と認めた事実（以下「被疑事項」といいます）以外の調査も行われること，③提示すべき内容が多いこと，④調査期間が長いこと，⑤強圧的対応であることなどが挙げられます。

　(a) 理由の開示がないこと

監査は保険医取消処分という懲罰ともいえる重大な不利益処分が含まれる点で，保険医に対する権利侵害は大きく，刑事事件の捜査に匹敵します。指導とは異なり理由の明示が必要であることに論を待ちません。この点，刑事訴訟法では，捜査の対象となった事実と罰条の明示が条件になっています。行政手続法でも理由の開示は行政調査の要件とされています（行政手続法14条）。現在のところ行政は，「理由の開示がカルテの改ざんによる証拠隠滅に連動する」ため，理由の開示はできないとしていますが，カルテのコピーがなされた後は理由の開示はできるはずです。したがって，監査を必要とする理由の開示がなされないことは問題です。保険医は被疑事項を否定する事実を提示しなければなりませんが，監査理由が明示されないため対処に困難を生じています。それどころか，被疑事項とは無関係の問題行為を指摘され保険医取消となった事例さえあります（細見訴訟・M歯科医師事件など）。強制力を持つ公権力の行使である刑事事件ではこのような別件逮捕は許されていません。早急に改善されるべきでしょう。

(b) 被疑事項以外の調査が行われること

　監査は被疑事項に対し，それを立証する証拠となる事実の収集を行います。具体的にはカルテやその他の書類・物品や対面での患者調査が行われます。被疑事項は問題がなかった場合でも，多くの証拠品の中から適正とはなし得ない診療が発覚します。親戚や知り合いに対する無診察診療・予防的な過剰診療や在庫がないなどのための保険適用外の代替薬剤の提供，患者に対する説明の不足やカルテの記載不備などです。これらはいずれも保険診療に違反するとされる事柄であり，ほとんどの医療機関は処分の対象に成り得ることを意味しています。別の見方をすれば，保険審査で過誤を指摘されている割合は件数で1.8％程度ですが，月に500件の保険請求をする医療機関であれば，1年間にすれば108件ほどの問題が通常の審査でも発見されています。より厳密な検査をするとこれ以上の問題事例が発見されるのは当然なのです。無論，これがよいといえるわけではありませんが，それは別の方法で解決すべき問題です。窃盗で逮捕された刑事被疑者が被疑事実を否定された場合，代わりに，運転中に行っていた速度違反や黄色で交差点に進入した信号無視を理由に起訴立件されることと同じです。刑事訴訟法では逮捕理由と

異なる捜査は原則禁止しています。

監査は行政調査であるため，刑事訴訟法の適用がなく，これらの乱暴な行いが行政裁量として許されていますが，保険医取消処分は保険医やその家族と従業員の生活に大きく関与し自殺まで引き起こします。実際には懲役刑や死刑にも匹敵する懲罰になります。そのため，刑事訴訟法も考慮した適正手続による調査手法がとられるべきであり，広範な行政裁量がある（成田訴訟★3）などとの判断は社会通念上考えがたいことです。

(c) 提示すべき内容が多いこと

監査に必要な持参物は多大です。調査範囲と連動しますが，被疑事項に限定した調査であれば，それに対する検査すべき内容も限定され，持参物は減少するはずです。監査対象者は，監査を必要とする疑いのあるカルテ以外にも多数のカルテを出し入れすることが必要となり，その散逸防止のために多大な労力が使われ，身体的に疲弊します。また，追及する問題点が開示されないため，何を問題としているかが不明であり，精神的にも疲弊します。経済的にも監査対象者は自らを追い詰めるために医業利益の減少を余儀なくされ不安を覚えることになります。極論ではありますが，刑事事件であれば，公権力が強制調査で捜査を行うため刑事被疑者は結果を待つだけであり，考え方によってはこのほうが楽とも考えられます。監査は身柄拘束がないことや令状による証拠物の押収がないことから，司法関係者から見ればそれほどではないのでしょうが，保険医の心身の負担は大きいのです。監査で示すべ

★3　成田訴訟
　　個別指導になぜ選ばれたのか，その理由を事前に開示することを求め，行政指導では違法となる返還金の強要が「自主返還」名目でなされていることに対して提訴。
　　争点は，①個別指導「選定理由の開示拒否」，②「不当な自主返還指示」であった。
　①　自分が個別指導に選ばれた理由開示を求めたが青森社会保険事務局（現東北厚生局青森事務所）により拒否され続けた。行政手続法35条1項（「行政指導に携わる者は，その相手方に対して，当該行政指導の趣旨及び内容並びに責任者を明確に示さなければならない」）に反するとして提訴。
　②　「自主返還」について，カルテの記載ミスにより返還を求められた。他に記載ミスはない。原告は請求を撤回し，請求内容の改定後に再請求を行うことを希望したが，厚労省は返還義務のない原告に対して返還を求めるという点で違法。
　　①，②の2点について精神的苦痛を被ったとして10万円の賠償請求を国側に求めた。
　　健康保険法に指導・監査の方法の制限はなく，幅広い行政裁量があり，カルテの記載ミスは重大な過誤があるとしている。

き多くの内容は監査の期間とも連動し，対象者をして早く監査を終了したいと考えさせ，虚偽の自白を誘引する原因ともなっています。

(d) 監査期間が長いこと

　税務調査は数日〜数ヵ月以内に完了しますが，監査では数年にわたることさえあります。刑事事件と同様な処分を前提にしているならば，行政は保険医に必要な物品や調査期間の概略は説明すべきで，その正当性について裁判所のような第三者機関で許可を得ることも必要でしょう。刑事事件では，逮捕で72時間，その後の立件まで10日間の規則（刑事訴訟法）があります。被疑者の身体的・経済的・精神的負担を考慮した期間です。一定の期間の定めがなければ，精神的負担に耐えかねた保険医が監査の早期終了を目的に事実と異なる発言をすることにもなります。監査行政は虚偽の自白の誘導を目的に意図的に長期間の監査をしているとの見方も出てきます。

　また，監査を受けている事実は近隣の医療機関にうわさとして広がります。強い相互信頼関係を基盤とする保険診療の場では，患者に診療に対する不信感を醸成し，医業経営上に回復不能な大きな損害も生じます。この点も，監査対象者に大きな精神的負担を与えます。

(e) 監査官の強圧的対応

　多数の行政官が強圧的に監査対象者に詰問することが問題といわれますが，この問題は行政官の個々の資質と行政内部の教育の不備の問題と考えます。最も重大な問題は患者調査です。一般的に社会的正義を背景に行政活動が行われ，国会議員による制御も作用していることになっていますが（行政監視委員会★4），不正な保険請求をしていることを前提に記憶の不確かな患者に対し医療内容に対する誘導尋問的調査を行うことにより行政側に一方的な証拠が蓄積されます。その結果は単に処分を重くすることに作用するのみならず，医療機関や当該監査対象者の保険医の信用を大きく損なうことになります。刑事事件では被疑者は有罪が確定するまでは推定無罪として扱われます。監査対象者を有罪確定者のごとく扱う点は行政と監査対象者との公平を欠き問題です。

　この点，国会議員が指導・監査の強圧的対応の適否を判断することは極めて困難であります。医療保険の仕組みや医療内容の専門性，患者個別の事情

を前提に，問題の大きさに比例した対応を論じることは容易ではないのです。

(3) 制度上の問題

監査は「必要があるとき」に行われます。具体的には，診療報酬請求に不正や著しい不当が疑われる場合に事実関係を調査し，公正で適切な措置をとることになっています。ここで問題となるのは，多くの保険医は少なくとも審査の段階でも総診療報酬請求額の0.4％程度の錯誤に基づく保険請求をしている中で，監査が必要な不正や不当とはどの程度の誤りをさすのかが不明なことであります。このため，いつ監査を受けることになるかがわからず，保険医は常に不安の中にいることとなり，保険診療に対する萎縮効果を示すことにつながります。この点は前述の監査の選定基準を検討すれば明白です。

法の趣旨は健全な保険診療の保護です。そうであれば，監査の対象は，それを放置することにより保険財源に破綻を来たすことになる，自己や第三者の利益目的の保険請求や患者の身体に危険を及ぼす診療と考えるべきです。具体的には，故意に不正や不当診療をする場合と身体に危害のおそれがある場合は金額や件数に関係なく監査をすべきでしょう。錯誤による場合は，指導での返還金の実態を踏まえ，上述の検討から当該医療機関の年間診療報酬金額の2％以上の誤まった保険請求が監査の対象になるとすべきであります。

ここで問題となるのは，不適切な診療報酬請求の原因が錯誤によるもの

★4　行政監視委員会

衆議院には常任委員会の1つに決算行政監視委員会がある。同委員会は行政に関する国民からの苦情の処理に関する事項を取り扱うことになっている。

参議院では，平成9年6月9日に，「オンブズマン的機能を備えた行政監視のための第二種常任委員会」の設置を提言する中間報告が作成された。国会法の一部を改正する法律案（中曽根弘文君外7名発議，参第4号）が提出され，平成9年12月5日に参議院本会議において，さらに，12月11日に衆議院本会議において可決され，平成10年の第142回国会（常会）から，行政監視委員会が設置されることとなった。そして，その所管事項を参議院規則74条15号に，①行政監視に関する事項，②行政監察に関する事項（現在は，行政評価に関する事項），③行政に対する苦情に関する事項と定めた。（一部，行政監視委員会調査室・藤本雅「参議院行政監視委員会10年間の活動実績と課題」より引用）

しかし，指導・監査問題の根本解決の議論は両院で討議されていない。

か，故意に行われたかの判別です。これについては保険医の自白を決定的な証拠としています。したがって，法知識のある悪質な保険医は，故意に不適切な保険請求をしても過誤であると主張したり，2％までは不正請求をしてもよいと考える可能性があります。このような保険請求に対する防止策も考える必要があります。自白を根拠にする刑罰付与の問題は下記の事件★5 を参考にしてください。

(4) 保険医の意識

監査の実数は保険医全体からみると，ごく少数です。多くの保険医は指導を受けることもなく，快適な日々を過ごしています。こうした保険医は監査で行われていることに関心がなく，上記のような多くの問題を持っている監査について改善を求めることがありません。保険診療の適正が自らの診療を保護していることを認識し，よりよい保険診療を追求しなければ医療界の自律はなく，診療行為に対する国民の信頼が得られないことを認識すべきであります。この点で，保険医は正しい指導・監査に対する意識の向上を図らなければなりません。

(5) 弁護士の帯同

監査は，事実上，監査対象者の保険医を保険診療保護のために処罰することを目的にしていますので，それを最小限にするための援助者は必要になります。この場合，弁護士は一定の働きをすることが可能であり，監査では弁護士の帯同は必須です。もっとも，弁護士は保険診療の内容に対しては助言も援助もできません。検察官と被告人・弁護人の二当事者対立構造のもとで第三者の裁判官が判断をする刑事事件と異なり，刑事事件と同種の懲罰を受ける監査対象者は，検察官と裁判官を同時に相手にしながら弁護人の援助を十分に得られないのと同じ状況に置かれ，孤立して，糾問式の裁判を受ける

★5　富山連続婦女暴行冤罪事件（氷見事件）
　　平成14年3月13日に富山県で発生した婦女暴行未遂容疑で逮捕され，懲役3年の刑に服した男性が後に，真犯人が見つかったことで冤罪が確定した事件。
　　当該男性は，取り調べをする警察官に，「お前の家族も『お前がやったに違いない。どうにでもしてくれ』と言っている」と言われ，容疑を認めざるを得なくなり，自白し，起訴となっている。富山地裁における裁判でも弁護士から減刑のためすべてを認めるよう言われ，孤立無援だった。

かのように，行政に対峙することになります。

　監査対象者になった多くの保険医は，弁護士に行政処分がより軽くなる弁護を期待します。処分は，診療報酬請求の不正や不当の性質，数，金額といったことが基本的な要件となって決定されます。そこで，行政処分を軽減させるには，まずは事実として違法がないことを明らかにすることです。しかし，どんな保険医であっても，これをゼロにすることが難しいことは既に述べたとおりです。次に，その違法は故意に行われたのではなく過失であったことを示すことです。そして，その過失の程度が軽いことや，そのような過失が起こらざるを得ない当該患者の個別の事情（年齢・疾患の軽重・合併症・居住環境・経済的事情など）など違法性を阻却する事実を明らかにすることでしょう。しかし，診療内容や診療実施の実情に不知な弁護士は，必ずしも監査対象者の期待に応えることはできません。弁護士に診療内容や診療の実施の特別な状態を理解してもらい，弁護してもらうことに困難があるからです。監査対象者は，弁護士のできる行為内容をしっかりと確認した上で委任契約すべきです。監査の場での暴言の抑止や監査記録の保存，手続上の意義の確認などでは弁護士は大きな役割をしてくれるでしょう。弁護士に依頼した場合の料金は一回限りの指導と異なり，100万円を超えることもあります。その点もよく相談して弁護士に相談すべきです。

　健康保険法は医療関係団体の学識経験者の立会人を同席させるよう規定しています（前掲65頁の舛添厚労大臣答弁参照）。指導で述べた問題と同様に，医療関係団体と会員個人の利益相反の問題や立会人の人権保護意識の問題が監査でもあてはまります。

(6)　同僚医師の立会

　現在は同僚医師の立会を認めていません★6。しかし，処罰を前提にしている監査では監査対象者の医学的な面を保護する同僚医師の帯同が必要で

★6　岡山地裁平成19年8月28日判決
　　新規指定後の個別指導に際し，同僚医師の同席を要求。事務指導官は同席を拒否。同僚医師の同席を求める原告に対し，個別指導を実施せず監査を示唆するなどの発言を行った。
　　原告は同僚医師の帯同の権利を求め裁判となった。裁判では指導の「手続は厚労大臣の裁量」とし，請求棄却を判決した。
　　その後，高裁・最高裁でも「控訴棄却」の判決を下した。

す。それは弁護士の帯同が監査手続の適正や監査対象者に対する人権侵害の防止に必要であると同じで、診療内容や診療報酬請求を知っている同僚医師の帯同がなければ保険診療の面での行政の追及に対して監査対象者を保護することができないからです。個々の診療は常にそれなりの個別の特別な事情を有しています。したがって、必ずしも診療報酬点数表に示される定型的な診療が患者にとってよい医療であるとはいえません。しかし、監査対象者になった場合、当事者は行政に自分の適切と考えていた診療や診療報酬請求を強く否定され、呆然となり適切な応答ができないまま監査を終える可能性が大きいでしょう。

監査対象者は同僚医師と診療内容を検討し、問題と指摘された事項に対する援助の内容と方法を事前事後に討議し、当該事項の特別な事情などの適切な抗弁を行政側にしなければなりません。そうでなければ、行政側の一方的な判断のみがなされることになります。この点は、刑事裁判での特別弁護人制度を参考にしてもよいのではないかと考えます★7。

(7) 医療関係団体と監査対象者との関係

医療関係団体はそこに属している会員を保護する義務をもっています。そこで、会員が監査を受ける場合、監査対象者となっている会員が求める様々な事項を援助することになります。監査対象者は「監査を止めてほしい」、「保険医取消処分にならないようにしてほしい」、「監査官の一方的な発言を止めてほしい」など様々な内容の要求があります。

ところが、医療関係団体の設立の意義は国民の健康や生存の保護とそれに必要な適正な医療の提供にあります。保険医の生活や権利の保護はこの範囲に限定されます。そのため、医療関係団体は患者の健康を害する医療や診療に必要な医療財源を損なう行為を保護するわけにはいきません。監査は患者の健康や保険財源の損害を防止する「必要があるとき」に行われます（健康保険法78条）。

★7　特別弁護人
　　刑事訴訟上、弁護士の資格を有しない者が、裁判所の許可を得て弁護士たる弁護人とともに被告人の弁護活動をなす場合をいう（刑事訴訟法31条2項）。簡易裁判所、家庭裁判所、地方裁判所における第一審の公判手続に限って認められる。

そこで，既に指導の項で述べましたが，医療関係団体は設立の意義の範囲内に限定して会員の保護をすることになります。具体的には会員が要求する同僚医師への相談や弁護士への相談，保険請求上の適否に関する法令及びその解釈の援助などです。例外的には，当該監査が脅迫的な状態である場合や異常に長期間である場合や明らかに適正を欠く医学的判断がある場合などには，当該会員の保護に加え傘下の会員の保護を目的に，行政に対して改善を求めることをします。
　しかし，監査対象者が具体的な処分の軽減を求めても，医療関係団体がそれに対し個別の介入はできません。例外的に医療関係団体が監査と同様な検査をする場合を除き，通常，医療関係団体は監査を必要とする事項とその真偽を検討することができないからです。そのため，監査対象者となっている会員個人にしてみれば，医療関係団体は役に立たないとの実感を持つことになります。仮に，医療関係団体が不正や不当な診療報酬請求をしている会員を保護した場合，社会はその医療関係団体も非難することになり傘下の会員にも被害が及ぶからです。この点で，医療関係団体と個人の会員は利益相反の関係にあることを知っておかなければなりません。
　その結果，国会で厚労大臣が医療関係団体の会員保護機能不全を指摘しても，一向に改善されることはないのです。埼玉県保険医協会など一部の例外を除き，医療関係団体は指導大綱に示されているように行政側に位置していることを認識しなければなりません。
　純粋に全国の監査対象者に対峙し対応できているのは，前掲の支援ネットだけでしょう（前掲67頁参照）。

(8) 保険医の自殺と保険医取消の問題
　保険医の取消の影響は，単に保険診療に参加できないことではありません。相互信頼関係を求められる医療からの排除であること，保険医は医療から排除された場合，他の一般的な業務に対する知識や技術がなく生活ができなくなることと共に，それまでの人生での努力をすべて無にしてしまいます。また，現に信頼して受診している患者のみならず従業員も巻き込み多大な迷惑をかけることも生じます。そのため，もはや生きてはいけないと判断して自殺の道を選択してしまうのです。

その点，弁護士や税理士は資格をはく奪されても法知識や経済的な事務仕事の能力をそがれるわけではありません。経済的損害は発生しても，個人の能力は有用であり，必ずしも生活が成り立ちゆかなくなるわけではないことと大きな違いがあります。ですから，保険医取消は懲役刑に近似する重大な刑罰と考えるべきなのです。

(9) 聴聞と地方医療協議会

聴聞は「行政庁が指名する職員その他政令で定める者が主宰」し，「審理は，行政庁が公開することを相当と認めるときを除き，公開しない」形で行われます。聴聞の結果は「聴聞の審理の経過を記載した調書を作成し，当該調書において，不利益処分の原因となる事実に対する当事者及び参加人の陳述の要旨を明らかに」はしますが，処分対象者の抗弁を斟酌し，行政とは別の独自の判断は通常行われません。処分に不服がある旨の追記を付加するに留まります。この作業は監査の場での監査対象者の反論を再確認しているにすぎません。ただし，時間経過の中で新たな抗弁を考えることもあるため，必要な手続ではあります。それに対する，行政庁の反論はもっと丁寧になされるべきです。

地方医療協議会の審議委員は，医療内容を十分には理解できない非医療者や，立会人を立て保険医取消処分を事実上，指示・容認している医師会や歯科医師会長です。時間的にも処分対象者の意見を精細に検討し，具体的な事情を詳細に討議することは困難であり，通常，行政の処分は否定されることはない形式的な作業になっています。また，この場において処分対象者の意見陳述は許されていません。

第 6 章

現在の指導・監査の改善策

　本章では，指導・監査の問題点を網羅した改善策を検討します。医療は高度専門性があり，また，地域によって入院医療機関数や医師数，交通の利便性の差など医療の提供に偏りがあるので，医療の専門家でないと理解しがたいものです。したがって，医療界自体が指導・監査問題の解決策を提示しなければ，医療の素人による指導・監査問題の解決が図られ，適正な医療を構築できません。

　指導では，保険診療が適正になされることを目的としますから，診療報酬請求要件など法の運用に必要な付帯事項について懇切丁寧に説明する行政活動が求められます。したがって，そこには指導対象者に強制すべき行為はありません。

　監査では，一部詐欺罪に該当性を持つ行為を調査しますので，行政は問題の大きさに比例し，保険医に一定の強制力を持つ調査をすることになります。

　その場合，監査で守らなければならない原則は2つあります。1つは手続適正です。事実上の刑事裁判的判断には刑事訴訟法に近似した手続適正や審理の透明性（公開），保険医取消処分については裁判の導入による三面対立の構造，さらには罪刑法定主義に基づく処分基準の明確化です。これらを満たさない監査は常に恣意的運用の批判を招かざるを得ません。

　もう1つは，保険診療の適否に対する医師の裁量権を確保することです。医療は高度専門性があるため，監査対象者の医学的側面を弁護する機能の付加です。そのためには，監査対象者が希望する同僚医師の帯同は必須の要件になります。

以下では，医療上の特別な事情に対する監査対象者を支持する同僚医師の存在などを含めた解決策を提示していきます。なお，どの程度の不正や不当を処罰すべきかについては診療科や診療内容により斟酌すべきであり，同時に診療報酬の在り方にも深く関係します。改善策は，現状の一般的な診療を想定してのものです。ここに一般的な診療とは，保険審査で件数1.78％，金額0.38％の錯誤があり，指導ではその３倍もの錯誤が認められるのが通常である診療を指します。

　診療報酬請求の方法を過誤の生じ得ない方法に改善することが最善ではありますが，すぐには実施困難でしょう。また，診療上の過誤の内容や程度も処分に影響を与えないわけではありません。一例を挙げれば，カルテの記載不備の程度により処分の軽重を考えるべきでしょう。しかし，それを詳細に区分することは現実的には困難と考えます。そのため，現状の診療報酬請求方法での改善策を下記のように作成してみました。診療報酬請求方法が変化すれば，下記の制度も改変すべきです。

(1) 指導・監査の制度

> 1．指導と監査との連動を廃止する。
> 2．指導・監査制度は，①指導，②調査監査，③処分監査に区分する。
> 3．「調査監査」は現状の指導に準ずる内容とする。
> 4．「処分監査」は現在の監査に準ずる位置づけとする。

(2) 指導・監査対象者の選定

> 1．指導の対象者はすべての保険医を対象とする。
> 2．調査監査の対象者は，内部告発や保険者，警察などからの証拠に基づく調査依頼や適時調査での違法などの証拠に基づく監査の必要がある医療機関とする。
> 3．処分監査の対象者は後述(6)2③に定めるものに限定する。
> 4．指導と監査は完全に分離し，傷害罪，業務上過失致死罪や詐欺罪の基本的構成要件を満たさない限り監査に移行しない。

(3) 指導・監査理由の開示

1．指導の理由は明示しない。
2．調査監査では監査前に選定理由を文書で開示する。
3．処分監査では必要なカルテのコピーが終了した後に，選定理由を文書で開示する。

(4) 指導・監査の方法

1．指導・監査官は，保険診療の妨害や営業の自由の妨害，脅迫的発言をしてはならない。
2．指導ではもっぱら適正な保険診療と診療報酬請求の方法の普及を行う。原則として行政が作成した基本事例の説明を中心とする。質疑応答を十分にする。持参物は指導月のカルテに限定し，その量は段ボール1杯以内を目安とする。日時は保険診療を妨げない設定にする。指導官は診療録ではなく，レセプトにより指導する。必要に応じ自主的な返還金の手続を指導する。
3．監査は監査対象者に一定の権利侵害を生じる行為であり，その権利侵害を最小限にとどめるため，監査が必要とされた事項以外の調査をしてはならない。
4．監査は事実関係の確認作業であり，質問に対する回答や考え方を一方的に認めさせるものではない。そのため，誘導尋問や脅迫的手法を用いてはならない。
5．調査監査は現在の指導時の持参物の提示とするが，指導月の内容に限定し，その量は段ボール箱1杯程度にする。日時は保険診療を妨げないよう配慮する。調査監査が必要とする内容に限定し調査監査をする。指導官は診療録を検査し，問題点を指摘し，監査対象者はそれに応答する。不正や過誤に対し返還金を求め，監査結果を文書で通知する。結果は(6)2の規定により「問題なし」，「再調査監査」，「処分監査」と区分する。(6)2③に示す不正や不当がある場合とそれが推定される状態であれば，監査官はそれを文書で示し，後日に処分監査に移行する。処分監査を監査対象者に通知し，必要があれば患者調査を行う。監査担当者は当該医療機関の信用を損ねない説明を患者にする。
6．処分監査は現在の監査時の持参物の提示を求める。処分監査が必要とする内容に限定し調査監査をする。指導官は診療録を検査し，問題点を指摘

し，監査対象者はそれに応答する。不正や過誤に対し返還金を求め，結果は(6)4の規定により「問題なし」，「再調査監査」，「再処分監査」，「保険医取消」とする。
7．調査監査及び再調査監査は保険診療に不都合のない1日，2時間で行う。
8．処分監査は3ヵ月の間に行う。原則として，厚労省は保険診療に支障を来たさない努力をする。

(5) 同席者の選定

1．監査実施に際し監査対象者が希望する2名以内の医師の帯同を認める。監査対象者に医師の帯同希望がない場合，医療関係団体に協力を依頼し，2名以内の監査同席者を確保する。同席者には守秘義務を付加する。
2．監査実施に際し監査対象者が希望する弁護士の帯同を認める。監査対象者に弁護士の帯同希望がない場合，行政側が国選弁護士を選任して同席させる。

(6) 行政処分の明確化

1．処分については基準を定め，過去の事例から基準となる行為を例示し列挙する。
2．調査監査の結果は診療報酬の過誤請求と指導の返還金の実態を考慮し，
　①問題なし：30件の調査を行い，診療報酬の過誤請求が当該医療機関の診療報酬金額の1％以内，かつ，5件以内の過誤であった場合。
　②再調査監査：問題なしにも処分監査の要件にも該当しない場合。
　③処分監査：
　　a）明らかに自己あるいは第三者の利益を目的として，故意に不正や不当診療あるいは診療報酬請求をした事実がある場合。当該行為は動機，行為の態様，当該行為を排除しうる状況にあるも，あえて，それに反した行為をしたことの存在を証明できる場合。
　　b）身体に危害やその恐れがある保険診療。
　　c）錯誤による診療報酬の過誤請求の場合は，当該医療機関の診療報酬金額の2％以上，あるいは，当該医療機関の診療報酬件数の15％以

上と推定される場合。
のいずれかに該当する場合。
3．処分監査は先に調査監査を行い，その結果により必要を認める点を明確に提示し，必要なカルテをすべて検査する。
4．処分監査の結果
　①問題なし：当該医療機関の診療報酬金額の1％未満，かつ，件数で14％未満の過誤であった場合。
　②再調査監査：問題なしにも再処分監査の要件にも該当しない場合。
　③再処分監査：錯誤による診療報酬の過誤請求以外に不正や不当請求がなく，当該医療機関の総診療報酬金額の3.0％以上5.0％未満，件数は17％以上20％未満のいずれかの不正や不当請求がある場合。保険医取消処分に該当する場合，再処分監査は行わない。
　④保険医取消：
　　a）明らかに自己あるいは第三者の利益を目的として，故意に不正や不当診療あるいは診療報酬請求をした事実がある場合。当該行為は動機，行為の態様，当該行為を排除しうる状況にあるも，あえて，それに反した行為をしたことの存在を証明できる場合。
　　b）重大な過誤診療や故意により，死亡又は身体に重大な障害が後遺症として生じた場合。
　　c）錯誤による診療報酬の過誤請求の場合は，当該医療機関の診療報酬金額で5％以上，件数で20％以上のいずれかの場合。
　のいずれかに該当する場合。
　⑤保険医取消処分をする場合，監査対象者の同意を得る。同意を得られない場合は，聴聞と地方社会保険医療協議会の議に付す。返還金は監査対象者の同意のもとに決定する。同意が得られない場合，指導官は返還金請求決定書を作成し，監査対象者に送付する。監査対象者は異議があれば指導官に異議申立てを行うことができる。それでも決着がつかない場合，裁判上の決定を求めることができる。
　⑥保険医取消処分の期間は初回であれば2年間の保険医取消，2回目であれば5年間の保険医取消とし，3回目は保険医の再指定をしないこととする。再指定をする場合は不正の原因を排除できる根拠の提示を求め審議する。

> ⑦処分監査の結果，問題がない場合は終了となる。患者調査などで信用が毀損され診療報酬額が前年の80%以下になった場合，対価として診療報酬を，自己負担分を除き，3年間1.5倍とする。

(7) 聴　　聞

　現状の方法を踏襲するが，保険医取消処分対象者の抗弁や特別な事情を精細に記載する。聴聞開催時，保険医取消処分対象者や帯同の同僚医師，弁護士を参加させ，発言する機会を付与する。

(8) 地方社会保険医療協議会

　保険医取消処分はある種の重大な懲罰であるので，その決定は行政・処分対象者・法的理解のある司法関係者の三面対立の形で行う。それぞれ3名を選出し合計9名で構成する。処分対象者に不服があれば，公開の裁判に決定を付託する。

第 7 章

根本的な指導・監査の改善策

　指導・監査の問題は，現在も実在する行政裁判の問題と刑罰に対する明確性の原則が担保されていない問題といえます。別の言い方をすれば，自由保障機能がない刑罰の問題です。この点は本書を基準に判断がなされるようになれば，一定程度，解決されると考えます。しかし，長きに亘りこのような状態が続いてきたのは，保険医自身が法の支配や社会保障を理解していないためであり，保険医自身が自立し，自律できる法を検討すべきでしょう。

　指導・監査問題は診療報酬請求の一部です。診療報酬の財源は公的資金であり，1円たりとも不明な支出を許容するものではありません。過誤を生じさせない診療報酬請求制度を策定する必要があります。医療を商品と考える出来高払いの現在の保険診療はより多くの医療の提供が国民の健康の保護につながる利点と共に，営利目的の医療を生む欠点もあります。一方，出来高払いを否定すると，保険医のやる気をそぎ，提供される医療内容を貧弱にする可能性があります。意見が分かれるため，この間，出来高払いが続いてきました。現在の診療報酬請求は，情報・安全工学の導入による医療技術の進歩と複雑化により多くの診療に個々の診療報酬が設定され，また請求の人的要件の資格や物的要件の施設基準の充足を満たすように設定されたため過度に複雑となり，もはや過誤のない診療報酬の請求は不可能な段階にあります。不当や不正な支出とすべき指導・監査での返還金は，総診療報酬請求額の最低でも2％，最大では23％の水準にあり，適正な保険財源の運用がなされてはいないと断言してよい状態です。そのため，適正な保険財源の運用は厳正な医療監視をすることを要求し，保険医療に従事する者の人権を侵害し，保険医療の信頼を損ねます。

なお，不正や不当の内容を斟酌することも溝部訴訟で述べられているように重要です。しかし，個々の事例の行為の態様の悪性度や，監査対象者の利得有無とその程度，当該行為をした動機等に関する客観的な判断基準は，今回提示できませんでした。この点は，さらに検討が必要でしょう。

＊具体的な解決策

　　上記の問題を解決するためには，保険医を主体とする保険診療に当たる関係者は過誤請求を生じない診療報酬制度を作出すべきです。医療介護に支出すべき費用がどの程度まで許容されるかをGDP・政府の歳入や歳出・消費者物価・雇用統計・貿易収支・人口動態・医療の国際比較等の資料をもとに国民的議論をすべきです。政府が唱える漠然とした持続可能な社会保障費の捻出ではなく，国民はGDPの停滞や減少に対し，保険医療を削減するだけの現状を看過すべきではありません。国民的議論の決定の下に出された医療関係費用に対し，

① 保険医１人当たりの基準額やその他の医療従事者の人的費用の総額
② 施設・医療機器の基準額
③ 生命の延長や健康の維持増進に寄与している実績に対する評価額
④ 患者の満足度に対する評価額
⑤ 医療の進歩に寄与した評価額

を診療報酬として保険財源から分配すべきでしょう。①から⑤の割合も国民的協議が必要です。

　　この医療費配分の決定は机上の空論ではなく，現場の医療者自身が具体化し，国民の理解を得なければなりません。そのためには，医療の現状の把握・医療の将来の展望・現場から研究者までの様々な考えの集約をする機関の設置や制度の構築が必要です。ＥＵ諸国やカナダなどの他国の医療保険制度の国際比較も必要です。そうでなければ，医療に不知な財務官僚が政府の予算を決めざるを得ません。そこで決められた範囲内での医療者相互の保険財源獲得競争に無駄な時間と労力が浪費されることになります。その間，提供される保険医療はより一層削減されることになるでしょう。

　　繰り返しますが，国は医療の現場の意見を正確に拾い上げ，討議できる制度を構築しなければなりません。法の支配を無視した一部の偏った意見を述べる諮問委員会制度は再考すべきです。

同時に，今一度，基本的人権を考えたいものです。保険医が自己の人権を保護できなければ，保険医が患者の人権を保護することも困難であることを国民も知らねばなりません。医療の専門性は一般国民には理解しがたい面があり，医療者でないと医療を守れないからであることを保険医が自ら知り，自立と自律の下に完全な保険医療体制を構築し，指導・監査制度や保険診療報酬請求制度を作出すべきです。

巻末付録

保険医のための関連法規

(具体的な条文を掲載)

〔1〕 憲　　　法 (98)
〔2〕 刑　　　法 (102)
〔3〕 刑事訴訟法 (105)
〔4〕 民　　　法 (108)
〔5〕 民事訴訟法 (114)
〔6〕 国家公務員法 (115)
〔7〕 地方公務員法 (116)
〔8〕 行政手続法 (116)
〔9〕 健康保険法 (127)
〔10〕 指 導 大 綱 (130)
〔11〕 保険医療機関及び保険医療養担当規則 (134)
〔12〕 医　師　法 (144)
〔13〕 歯科医師法 (145)
〔14〕 薬 剤 師 法 (146)
〔15〕 医　療　法 (146)
〔16〕 労働契約法 (148)
〔17〕 個人情報の保護に関する法律 (149)

指導・監査の関連法文は憲法から始まる一連の法の趣旨を理解し，解釈すべきです。憲法98条では憲法に反する法規は無効であるとしています。個別の条文やその細則に捉われ，特定の事項を解釈すると法が求める理念とかけ離れることが生じます。

　法の最上位に位置するのが憲法です。その憲法は国民主権による国家の運営を明記し，国民が自由意思により政権を選択し，国民1人1人の意思が国家の政策に反映されることになっています。そのためには国民の人権が保護され自由意思を発揮できなければなりません。その人権で最も重要なものは生存権的基本権です。生存権的基本権の中核に位置するのが医療です。これを憲法条文にあてはめると，13条は幸福追求権（自由権）を規定しています。13条は経済的に豊かな人に高額で質の良い医療を求めることを許容しますが，直接貧乏な人に十分な医療を保障するものではありません。そこで，生存権を保護すべく，憲法25条1項は，誰にでも健康で文化的な最低限度の生活を保障し，同条2項は，国家に対し，すべての生活部面について，社会福祉，社会保障及び公衆衛生の向上及び増進に努めなければならないと定めています。そこで，国民1人1人に必要な医療が保障されることは，憲法の保障する人権であると同時に，国家の責務であるといえます。もっとも，憲法の規定は漠然としたものであり，何が健康で文化的な最低限度の生活なのか，どの程度の医療を保障する必要があるのかといった具体的な権利内容は，健康保険法など医療関係各法に定められています。

　その健康保険法は1条に「……疾病，負傷若しくは死亡又は出産に関して保険給付を行い，もって国民の生活の安定と福祉の向上に寄与することを目的とする」としています。その給付内容を規定しているのが76条に定められる細則の診療報酬点数表であり，療養担当規則です。保険給付の適正を確保する目的で，73条と78条が指導・監査を規定しています。

　指導・監査の関係法令を考える場合，この憲法から始まる一連の法の趣旨に沿った解釈が必要です。ところが，診療報酬点数表の解釈は各県の診療報酬支払機関の審査に誇り，各県で異なる判断がなされ，全国で平等とはいいがたい運用を常態としています。指導・監査対象者の選定や処分も同じ不平等の問題を含んでいます。この混乱した状態に慣れてしまっているため，指

導・監査問題は法の趣旨に沿った一連の法解釈を無視しがちでありますが，上位法に沿った正しい法解釈をしたいものです。

以下に具体的な条文と指導・監査に関係する考え方を記載しました。

なお，指導・監査とは関係しないものの，医療者に必要な関係法令をあえて追加してあります。解説は筆者の私見であり，具体的条項の解釈には様々な見解があります。必要に応じ判例などで問題事項を検討すべきである点はご理解ください。

〔1〕 憲　　法

最高法規であり，国家が侵害することのできない基本的人権が列挙されています。行政法など一切の法律は，この憲法に反することはできません。憲法は大まかな規定であり，具体的な国民の権利は健康保険法・医療法・医師法などの様々な下位法に規定されていますが，憲法が上位規範であり，その範囲内で下位法を解釈すべきです。

> 第11条　国民は，すべての基本的人権の享有を妨げられない。この憲法が国民に保障する基本的人権は，侵すことのできない永久の権利として，現在及び将来の国民に与へられる。
> 第12条　この憲法が国民に保障する自由及び権利は，国民の不断の努力によって，これを保持しなければならない。又，国民は，これを濫用してはならないのであつて，常に公共の福祉のためにこれを利用する責任を負ふ。

［解説］（医療者のための解説）

指導・監査対象者にも基本的人権は保障され，国家がこれを侵害することは許されません。同時に，保険医自身も人権保護に向けた不断の努力が必要であることを示しています。

> 第13条　すべて国民は，個人として尊重される。生命，自由及び幸福追求に対する国民の権利については，公共の福祉に反しない限り，立法その他の国政の上で，最大の尊重を必要とする。

［解説］
　この条項は国民の自由を保障する最も基本的な条項です。生命に対する権利は，文言で明記されているとおり，この自由の最も重要とされる権利の1つです。その自由に連動するのが国民の受療権です。それを具体化しているのが保険診療です。保険医の診療裁量の自由も含まれます。指導・監査時の人権侵害を排除する自由でもあります。ただし，この自由は他人の自由を侵害してまで保障されるものではない点に注意しなければなりません。

第14条　すべて国民は，法の下に平等であつて，人種，信条，性別，社会的身分又は門地により，政治的，経済的又は社会的関係において，差別されない。
2　（略）
3　（略）

［解説］
　指導・監査での指導・監査対象者の選任や人権保護も平等が保障されねばならない理由がここにあります。

第22条　何人も，公共の福祉に反しない限り，居住，移転及び職業選択の自由を有する。
2　（略）

［解説］
　職業選択の自由の一部が営業の自由とされています。保険医の営業の自由もこの条文を基本としています。

第25条　すべて国民は，健康で文化的な最低限度の生活を営む権利を有する。
2　国は，すべての生活部面について，社会福祉，社会保障及び公衆衛生の向上及び増進に努めなければならない。

［解説］
　国に国民の健康を守るべき責務があるとしている条文です。何をどの程度

どのように行うのかについては、健康保険法や国民保険法などの医療関係各法の具体的な法律が定めていますが、この条項に反する解釈や運用は許されません。

具体的な法規の解釈をする場合、この憲法条文に沿った解釈が必要です。

第29条 財産権は、これを侵してはならない。
2 財産権の内容は、公共の福祉に適合するやうに、法律でこれを定める。
3 私有財産は、正当な補償の下に、これを公共のために用ひることができる。

[解説]

指導・監査での返還金がしばしば問題となります。正当な返還金以外はこの条文に抵触する可能性を考えなければなりません。他の憲法条文と異なり、直接この条文をもとに請求権を主張できるとされています。

第31条 何人も、法律の定める手続によらなければ、その生命若しくは自由を奪はれ、又はその他の刑罰を科せられない。

[解説]

基本的には刑事手続を規律する規定です。しかし、「法律の定める手続」には行政手続も適用されます。指導・監査は行政手続です。その方法は行政裁量によるとされています。しかし、後に不服があれば裁判を求めることはできますが、保険医取消処分と称する懲罰措置規定を持っている限り、民事・刑事訴訟法に準拠する適正な手続適正を行政は示すべきです。

第35条 何人も、その住居、書類及び所持品について、侵入、捜索及び押収を受けることのない権利は、第33条の場合を除いては、正当な理由に基いて発せられ、且つ捜索する場所及び押収する物を明示する令状がなければ、侵されない。
2 捜索又は押収は、権限を有する司法官憲が発する各別の令状により、これを行ふ。

[解説]

指導・監査は犯罪捜査ではなく行政調査です。しかし、実質的には犯罪捜

査的な捜索を受けることになります。強制捜査ではなく行政調査である以上，令状主義によってコントロールされている強制捜査と同等の強制力が許されるものではありません。このことは，指導・監査対象者の自由な意思を著しく拘束して，実質上，直接的物理的な強制と同視すべき程度にまで達している状態で指導・監査を行うことはできないことを保障しているというべきです。

第38条 何人も，自己に不利益な供述を強要されない。
2 （略）
3 （略）

[解説]
指導・監査でもこの条項は刑事訴追される可能性があれば適応されることになります。少なくとも監査に移行すれば，自分は潔白だと信じていても刑事訴追される可能性があり得るので，黙秘権が保障されるべきです。もっとも，単なる行政調査はこの条項の射程外にあるとの見解もあります。現に，税務調査では黙秘権を否定した判決もあります。

第98条 この憲法は，国の最高法規であつて，その条規に反する法律，命令，詔勅及び国務に関するその他の行為の全部又は一部は，その効力を有しない。
2 （略）

[解説]
指導・監査もこの憲法の統制下にあります。憲法の統制に違反する具体的な法規や運用は無効です。

第99条 天皇又は摂政及び国務大臣，国会議員，裁判官その他の公務員は，この憲法を尊重し擁護する義務を負ふ。

[解説]
指導・監査官はここで示される公務員です。したがって，これらの憲法条

項を尊重して擁護する義務を負って業務に当たっていることを知っておかなければなりません。

〔2〕 刑　　法

社会秩序維持を目的に犯罪行為の類型を定め，違反者を国家権力により懲罰する法規です。懲罰に該当する行為を明確にして，それ以外は自由であることを保証する機能もあります（自由保障機能）。その刑罰は犯罪行為・結果に対する均衡のある刑罰であることも求められています。以下に示す条項が保険診療に関連します。

（故意）
第38条　罪を犯す意思がない行為は，罰しない。ただし，法律に特別の規定がある場合は，この限りでない。
2　重い罪に当たるべき行為をしたのに，行為の時にその重い罪に当たることとなる事実を知らなかった者は，その重い罪によって処断することはできない。
3　法律を知らなかったとしても，そのことによって，罪を犯す意思がなかったとすることはできない。ただし，情状により，その刑を減軽することができる。

[解説]

意図的に不正な保険請求をすれば，詐欺罪の「罪を犯す意思」があることになります。過誤であっても，保険請求の要件を知らなかったとか誤解していたという場合，3項によって「罪を犯す意思」があったとされかねない点は気にかけておきましょう。

（公務執行妨害及び職務強要）
第95条　公務員が職務を執行するに当たり，これに対して暴行又は脅迫を加えた者は，3年以下の懲役若しくは禁錮又は50万円以下の罰金に処する。
2　公務員に，ある処分をさせ，若しくはさせないため，又はその職を辞させるために，暴行又は脅迫を加えた者も，前項と同様とする。

[解説]

指導・監査は公務です。指導・監査対象者は上記の行動を慎まなければな

りません。

> **（証拠隠滅等）**
> 第104条　他人の刑事事件に関する証拠を隠滅し，偽造し，若しくは変造し，又は偽造若しくは変造の証拠を使用した者は，2年以下の懲役又は20万円以下の罰金に処する。

［解説］
　指導や監査で保険医自身以外の医療職がカルテを改ざんすることはこの条項の該当性が生じます。指導や監査は刑事事件ではないため，直接にはこの条項は適用されませんが，悪意のある行為を示す証拠となる点に注意が必要です。

> **（秘密漏示）**
> 第134条　医師，薬剤師，医薬品販売業者，助産師，弁護士，弁護人，公証人又はこれらの職にあった者が，正当な理由がないのに，その業務上取り扱ったことについて知り得た人の秘密を漏らしたときは，6月以下の懲役又は10万円以下の罰金に処する。
> 2　（略）

［解説］
　医師の守秘義務を規定している条文です。指導ではカルテの開示は「秘密を漏らしたとき」に該当して違法と考えられます。正当な理由とは，健康保険法78条が診療録の開示を命じているようなことです。同様に，指導・監査に立ち会う同席の医師がその場で知り得た患者情報も準公務員の守秘義務で縛られています。

> **（公務員職権濫用）**
> 第193条　公務員がその職権を濫用して，人に義務のないことを行わせ，又は権利の行使を妨害したときは，2年以下の懲役又は禁錮に処する。

［解説］
　指導・監査官が指導・監査の正当な理由を示すことができないにもかかわ

らず，必要性を超越して通常の業務を妨害するような調査を強制する場合はこの条項に抵触します。

（業務上過失致死傷等）
第211条　業務上必要な注意を怠り，よって人を死傷させた者は，5年以下の懲役若しくは禁錮又は100万円以下の罰金に処する。重大な過失により人を死傷させた者も，同様とする。

[解説]
保険診療において，通常の注意義務を怠り身体や精神に損害を生じた場合に適用されます。

（保護責任者遺棄等）
第218条　老年者，幼年者，身体障害者又は病者を保護する責任のある者がこれらの者を遺棄し，又はその生存に必要な保護をしなかったときは，3月以上5年以下の懲役に処する。
（遺棄等致死傷）
第219条　前2条の罪を犯し，よって人を死傷させた者は，傷害の罪と比較して，重い刑により処断する。

[解説]
病人は要保護者です。特に老人は行動に制限があり，不十分な対応が死を招くこともあります。そうした対応はこの条項に抵触する可能性があります。

（脅迫）
第222条　生命，身体，自由，名誉又は財産に対し害を加える旨を告知して人を脅迫した者は，2年以下の懲役又は30万円以下の罰金に処する。
2　親族の生命，身体，自由，名誉又は財産に対し害を加える旨を告知して人を脅迫した者も，前項と同様とする。
（強要）
第223条　生命，身体，自由，名誉若しくは財産に対し害を加える旨を告知して脅迫し，又は暴行を用いて，人に義務のないことを行わせ，又は権利の行使を妨害した者は，3年以下の懲役に処する。
2　親族の生命，身体，自由，名誉又は財産に対し害を加える旨を告知して脅迫し，

> 人に義務のないことを行わせ，又は権利の行使を妨害した者も，前項と同様とする。
> 3　前2項の罪の未遂は，罰する。

［解説］

指導の場で，合理的な理由もなく，指示に従わねば「保険医を取り消す。生活できなくなる。」などという内容の発言があれば，この条項に該当することを行政官に伝え，撤回させることも必要です。

> （信用毀損及び業務妨害）
> 第233条　虚偽の風説を流布し，又は偽計を用いて，人の信用を毀損し，又はその業務を妨害した者は，3年以下の懲役又は50万円以下の罰金に処する。

［解説］

監査前に患者調査が行われます。その場合，必要の限度を超えた医業経営の継続を毀損する行為に該当する事実があればこの法律に抵触します。

> （詐欺）
> 第246条　人を欺いて財物を交付させた者は，10年以下の懲役に処する。
> 2　前項の方法により，財産上不法の利益を得，又は他人にこれを得させた者も，同項と同様とする。

［解説］

正当な理由なく，故意に不正な保険請求をした場合がこれに該当します。詐欺行為は単に健康保険法違反の問題ではありません。なお，診療報酬請求の過誤でも，刑法38条3項によって，例外的には詐欺罪の要件を満たすとも考えられないわけではありません。

〔3〕 刑事訴訟法

> 第1条　この法律は，刑事事件につき，公共の福祉の維持と個人の基本的人権の保障

とを全うしつつ，事案の真相を明らかにし，刑罰法令を適正且つ迅速に適用実現することを目的とする。

第39条 身体の拘束を受けている被告人又は被疑者は，弁護人又は弁護人を選任することができる者の依頼により弁護人となろうとする者（弁護士でない者にあつては，第31条第2項の許可があつた後に限る。）と立会人なくして接見し，又は書類若しくは物の授受をすることができる。

2 （略）

3 （略）

第59条 勾引した被告人は，裁判所に引致した時から24時間以内にこれを釈放しなければならない。但し，その時間内に勾留状が発せられたときは，この限りでない。

第60条 裁判所は，被告人が罪を犯したことを疑うに足りる相当な理由がある場合で，左の各号の一にあたるときは，これを勾留することができる。

一 被告人が定まつた住居を有しないとき。
二 被告人が罪証を隠滅すると疑うに足りる相当な理由があるとき。
三 被告人が逃亡し又は逃亡すると疑うに足りる相当な理由があるとき。

2 勾留の期間は，公訴の提起があつた日から2箇月とする。特に継続の必要がある場合においては，具体的にその理由を附した決定で，1箇月ごとにこれを更新することができる。但し，第89条第1号，第3号，第4号又は第6号にあたる場合を除いては，更新は，1回に限るものとする。

3 （略）

第64条 勾引状又は勾留状には，被告人の氏名及び住居，罪名，公訴事実の要旨，引致すべき場所又は勾留すべき刑事施設，有効期間及びその期間経過後は執行に着手することができず令状はこれを返還しなければならない旨並びに発付の年月日その他裁判所の規則で定める事項を記載し，裁判長又は受命裁判官が，これに記名押印しなければならない。

2 （略）

3 （略）

第203条 司法警察員は，逮捕状により被疑者を逮捕したとき，又は逮捕状により逮捕された被疑者を受け取つたときは，直ちに犯罪事実の要旨及び弁護人を選任することができる旨を告げた上，弁解の機会を与え，留置の必要がないと思料するときは直ちにこれを釈放し，留置の必要があると思料するときは被疑者が身体を拘束された時から48時間以内に書類及び証拠物とともにこれを検察官に送致する手続をしなければならない。

2 （略）

3 （略）

4 （略）

第204条 検察官は，逮捕状により被疑者を逮捕したとき，又は逮捕状により逮捕された被疑者（前条の規定により送致された被疑者を除く。）を受け取つたときは，直ちに犯罪事実の要旨及び弁護人を選任することができる旨を告げた上，弁解の機

会を与え，留置の必要がないと思料するときは直ちにこれを釈放し，留置の必要があると思料するときは被疑者が身体を拘束された時から48時間以内に裁判官に被疑者の勾留を請求しなければならない。但し，その時間の制限内に公訴を提起したときは，勾留の請求をすることを要しない。
2　（略）
3　（略）
4　（略）
第205条　検察官は，第203条の規定により送致された被疑者を受け取つたときは，弁解の機会を与え，留置の必要がないと思料するときは直ちにこれを釈放し，留置の必要があると思料するときは被疑者を受け取つた時から24時間以内に裁判官に被疑者の勾留を請求しなければならない。
2　前項の時間の制限は，被疑者が身体を拘束された時から72時間を超えることができない。
3　（略）
4　（略）
5　（略）
第208条　前条の規定により被疑者を勾留した事件につき，勾留の請求をした日から10日以内に公訴を提起しないときは，検察官は，直ちに被疑者を釈放しなければならない。
2　裁判官は，やむを得ない事由があると認めるときは，検察官の請求により，前項の期間を延長することができる。この期間の延長は，通じて10日を超えることができない。

[解説]

　保険医取消が刑事罰に匹敵すると考えると，監査すべき問題としている事実の疎明（架空・振替・二重請求などの内容の疎明）や当該監査に必要なカルテ・物品などの記述，監査期間の制限（期間の明示）が求められます。一定程度この条文を加味した調査をする必要があると考えられます。

第105条　医師，歯科医師，助産師，看護師，弁護士（外国法事務弁護士を含む。），弁理士，公証人，宗教の職に在る者又はこれらの職に在つた者は，業務上委託を受けたため，保管し，又は所持する物で他人の秘密に関するものについては，押収を拒むことができる。但し，本人が承諾した場合，押収の拒絶が被告人のためのみにする権利の濫用と認められる場合（被告人が本人である場合を除く。）その他裁判所の規則で定める事由がある場合は，この限りでない。

［解説］
　刑法134条の手続です。通常，カルテは裁判所の令状がない場合は開示を拒むことができます。

〔4〕民　　法

(1) 総則的規定

　民法は公権力ではない私人間の行為を規制する法律です。保険診療報酬請求は公的なものではありますが，一般的な商行為に準じた契約であり，民法を基準に判断されます。指導・監査問題に関係する民法の一部を記載します。

（基本原則）
第1条　私権は，公共の福祉に適合しなければならない。
2　権利の行使及び義務の履行は，信義に従い誠実に行わなければならない。
3　権利の濫用は，これを許さない。

［解説］
　2項は，俗に信義則と称される条文です。指導・監査も含め法律行為のすべてにこの条文は尊重されます。

（錯誤）
第95条　意思表示は，法律行為の要素に錯誤があったときは，無効とする。ただし，表意者に重大な過失があったときは，表意者は，自らその無効を主張することができない。

［解説］
　診療報酬請求において，病名を記載し忘れた場合，当該請求自体は無効な意思表示になり，新たに請求できるとする根拠の条文です。ただし，病名の記載し忘れを「法律行為の要素の錯誤」ではないとの見解もあります。

（債務者の危険負担等）
第536条　前2条に規定する場合を除き，当事者双方の責めに帰することができない

事由によって債務を履行することができなくなったときは，債務者は，反対給付を受ける権利を有しない。
2　債権者の責めに帰すべき事由によって債務を履行することができなくなったときは，債務者は，反対給付を受ける権利を失わない。この場合において，自己の債務を免れたことによって利益を得たときは，これを債権者に償還しなければならない。

[解説]

債権者を患者，債務を診療行為，債務者を医療機関と置き換えると理解しやすい文章になります。

(債務不履行による損害賠償)
第415条　債務者がその債務の本旨に従った履行をしないときは，債権者は，これによって生じた損害の賠償を請求することができる。債務者の責めに帰すべき事由によって履行をすることができなくなったときも，同様とする。
(損害賠償の範囲)
第416条　債務の不履行に対する損害賠償の請求は，これによって通常生ずべき損害の賠償をさせることをその目的とする。
2　特別の事情によって生じた損害であっても，当事者がその事情を予見し，又は予見することができたときは，債権者は，その賠償を請求することができる。
(不法行為による損害賠償)
第709条　故意又は過失によって他人の権利又は法律上保護される利益を侵害した者は，これによって生じた損害を賠償する責任を負う。

[解説]

損害賠償の請求の根拠法です。医療債務の不履行を過失として金銭賠償を求めるのが709条です。この場合，過失の立証責任は原告にありますが，裁判では挙証責任の転換が行われ，医療機関に挙証責任を問われています。医療事故などで709条を使う場合は医療者の個人責任を問うことを主眼にする例外的な場合のみです。内容に大きな変化はありませんが，415条は医療行為を債務とし，履行の不足を損害として診療契約を解除し，金銭賠償を求めるものです。415条では，医療債務の提供の正当性の証明は医療機関側にあります。医療事故では，提供されるべき医療に対し実際に提供された医療の不備を問題とします。一般の商品の場合，債務とするものは明確ですが，医

療は一般の商品とは異なるので，訴訟では「何が提供されるべき医療であったか」が重要な問題になります。

診療報酬請求の不備もこれらの条文による解決方法をとれないわけではないと考えられます。

(2) 個別的規定ほか

以下には，主な契約類型の条文と不当利得に関する条文を示します。医療は法律上，準委任契約とされていますが，請負契約や労務契約に該当性を持つ部分もある特別な行為です。この点を理解したうえで議論をする必要があります。

(a) 委任契約

一般的には，患者が医療機関に医療の提供を求める契約は，法律行為ではない事務を委託するものとして準委任契約とされています。準委任契約は，委任契約の条文がすべて準用されています(656条)。644条と645条の規定が説明責任や同意原則の根拠となる規則です。なお，弁護士への依頼は，通常は法律事務を依頼することから委任契約とされています。

(委任)
第643条　委任は，当事者の一方が法律行為をすることを相手方に委託し，相手方がこれを承諾することによって，その効力を生ずる。
(受任者の注意義務)
第644条　受任者は，委任の本旨に従い，善良な管理者の注意をもって，委任事務を処理する義務を負う。
(受任者による報告)
第645条　受任者は，委任者の請求があるときは，いつでも委任事務の処理の状況を報告し，委任が終了した後は，遅滞なくその経過及び結果を報告しなければならない。
(受任者による受取物の引渡し等)
第646条　受任者は，委任事務を処理するに当たって受け取った金銭その他の物を委任者に引き渡さなければならない。その収取した果実についても，同様とする。
　2　受任者は，委任者のために自己の名で取得した権利を委任者に移転しなければならない。
(受任者の金銭の消費についての責任)
第647条　受任者は，委任者に引き渡すべき金額又はその利益のために用いるべき金

額を自己のために消費したときは，その消費した日以後の利息を支払わなければならない。この場合において，なお損害があるときは，その賠償の責任を負う。
（受任者の報酬）
第648条　受任者は，特約がなければ，委任者に対して報酬を請求することができない。
2　受任者は，報酬を受けるべき場合には，委任事務を履行した後でなければ，これを請求することができない。ただし，期間によって報酬を定めたときは，第624条第2項の規定を準用する。
3　委任が受任者の責めに帰することができない事由によって履行の中途で終了したときは，受任者は，既にした履行の割合に応じて報酬を請求することができる。
（受任者による費用の前払請求）
第649条　委任事務を処理するについて費用を要するときは，委任者は，受任者の請求により，その前払をしなければならない。

(b)　請負契約

「仕事の完成」を目的とする契約です。診療契約を請負契約と解すると，仕事の完成＝病気の治癒，ということになってしまうため，医療行為の本質に反するとして，現在では請負契約と解する見解は少ないです。もっとも，外科手術や歯科治療では，請負契約的な側面もあり，歯科治療で請負契約的な判断をした判例もあります。一方，腹痛の診療など，提供される医療内容が様々である医療の場合には「完成」させる「仕事」が確定できず，請負契約とは考えがたい側面もあります。

（請負）
第632条　請負は，当事者の一方がある仕事を完成することを約し，相手方がその仕事の結果に対してその報酬を支払うことを約することによって，その効力を生ずる。
（報酬の支払時期）
第633条　報酬は，仕事の目的物の引渡しと同時に，支払わなければならない。ただし，物の引渡しを要しないときは，第624条第1項の規定を準用する。
（請負人の担保責任）
第634条　仕事の目的物に瑕疵があるときは，注文者は，請負人に対し，相当の期間を定めて，その瑕疵の修補を請求することができる。ただし，瑕疵が重要でない場合において，その修補に過分の費用を要するときは，この限りでない。
2　注文者は，瑕疵の修補に代えて，又はその修補とともに，損害賠償の請求をすることができる。この場合においては，第533条の規定を準用する。
　　＊（同時履行の抗弁）
　　　第533条　双務契約の当事者の一方は，相手方がその債務の履行を提供するま

> では，自己の債務の履行を拒むことができる。ただし，相手方の債務が弁済期にないときは，この限りでない。
> **第635条** 仕事の目的物に瑕疵があり，そのために契約をした目的を達することができないときは，注文者は，契約の解除をすることができる。ただし，建物その他の土地の工作物については，この限りでない。
> **第638条** 建物その他の土地の工作物の請負人は，その工作物又は地盤の瑕疵について，引渡しの後5年間その担保の責任を負う。ただし，この期間は，石造，土造，れんが造，コンクリート造，金属造その他これらに類する構造の工作物については，10年とする。
> 2　工作物が前項の瑕疵によって滅失し，又は損傷したときは，注文者は，その滅失又は損傷の時から1年以内に，第634条の規定による権利を行使しなければならない。
> **（担保責任を負わない旨の特約）**
> **第640条** 請負人は，第634条又は第635条の規定による担保の責任を負わない旨の特約をしたときであっても，知りながら告げなかった事実については，その責任を免れることができない。
> **（注文者による契約の解除）**
> **第641条** 請負人が仕事を完成しない間は，注文者は，いつでも損害を賠償して契約の解除をすることができる。

(c) 売買契約

医療は財物でないため，この契約とはされないのが通常です。しかし，薬物の投与なども含まれていることや多くの国民がこの契約になじんでいるため，実務の保険診療をこの条文で考えることも多いです。

> **（売買）**
> **第555条** 売買は，当事者の一方がある財産権を相手方に移転することを約し，相手方がこれに対してその代金を支払うことを約することによって，その効力を生ずる。

[解説]

　医療は契約として考える一般的な考え方と，法として定立できない宗教的な精神の平穏・安心を求める行為との考え方があります。後者の立場に立つ人は，医療は医療者と患者の宗教や恋愛にも似た感情を基盤とする行為であり，画一的な法規範の適用はなじまないと考えています。

　しかし，裁判上の争いになれば，何かの基準で判断することを要求されます。現在のように医療の商品化が進んでいる状態であれば，上記の様々な契

約法を知る必要がありますが，準委任契約を基準に法的扱いをされていることを知っていなければなりません。

なお，保険医療機関は支払機関に保険診療報酬請求も契約に基づき行っています。

(d) 不当利得の返還義務

> **（不当利得の返還義務）**
> 第703条　法律上の原因なく他人の財産又は労務によって利益を受け，そのために他人に損失を及ぼした者（以下この章において「受益者」という。）は，その利益の存する限度において，これを返還する義務を負う。
> **（悪意の受益者の返還義務等）**
> 第704条　悪意の受益者は，その受けた利益に利息を付して返還しなければならない。この場合において，なお損害があるときは，その賠償の責任を負う。
> **（債務の不存在を知ってした弁済）**
> 第705条　債務の弁済として給付をした者は，その時において債務の存在しないことを知っていたときは，その給付したものの返還を請求することができない。
> **（期限前の弁済）**
> 第706条　債務者は，弁済期にない債務の弁済として給付をしたときは，その給付したものの返還を請求することができない。ただし，債務者が錯誤によってその給付をしたときは，債権者は，これによって得た利益を返還しなければならない。
> **（他人の債務の弁済）**
> 第707条　債務者でない者が錯誤によって債務の弁済をした場合において，債権者が善意で証書を滅失させ若しくは損傷し，担保を放棄し，又は時効によってその債権を失ったときは，その弁済をした者は，返還の請求をすることができない。
> 2　前項の規定は，弁済をした者から債務者に対する求償権の行使を妨げない。
> **（不法原因給付）**
> 第708条　不法な原因のために給付をした者は，その給付したものの返還を請求することができない。ただし，不法な原因が受益者についてのみ存したときは，この限りでない。

[解説]

自主返還を事実上強制されることが問題になっています。保険請求の過誤による不当利得を自主的に返還することを求めているのが自主返還金です。保険者には不当利得の返還請求権が発生しています。これに対し請求の行使（保険者の催告や裁判上の金銭支払判決）を待つのではなく自主的に返還するのが指導の自主返還金の制度です。返還金額が正確でないことや監査に移行する

強制的な側面があるため問題となっています。

　返還金の内容は様々です。何も診療していないが保険請求をした場合と，診療は完全にしているがカルテの記載がない場合が同じ扱いになります。多くの場合，この中間に位置する行為であると考えられます。診療報酬点数表や療養担当規則を順守していなければ，保険請求ができないことになっています。保険医は，本当にこの基準でよいのかを考える必要があります。

　なお，医療内容の不備に対して415条の債務不履行責任による損害賠償請求権の発動や，法律行為に錯誤があるとして診療報酬請求を無効行為とする方法，悪性度の高い請求に対して詐欺罪の刑事告発の方法もないわけではありませんが，簡便な不当利得返還請求を自主返還として行っています。

〔5〕 民事訴訟法

第197条　次に掲げる場合には，証人は，証言を拒むことができる。
　一　第191条第1項の場合
　二　医師，歯科医師，薬剤師，医薬品販売業者，助産師，弁護士（外国法事務弁護士を含む。），弁理士，弁護人，公証人，宗教，祈祷若しくは祭祀の職にある者又はこれらの職にあった者が職務上知り得た事実で黙秘すべきものについて尋問を受ける場合
　三　技術又は職業の秘密に関する事項について尋問を受ける場合
２　前項の規定は，証人が黙秘の義務を免除された場合には，適用しない。
（証言拒絶の理由の疎明）
第198条　証言拒絶の理由は，疎明しなければならない。
（文書提出義務）
第220条　次に掲げる場合には，文書の所持者は，その提出を拒むことができない。
　一　当事者が訴訟において引用した文書を自ら所持するとき。
　二　挙証者が文書の所持者に対しその引渡し又は閲覧を求めることができるとき。
　三　文書が挙証者の利益のために作成され，又は挙証者と文書の所持者との間の法律関係について作成されたとき。
　四　前3号に掲げる場合のほか，文書が次に掲げるもののいずれにも該当しないとき。
　　イ　文書の所持者又は文書の所持者と第196条各号に掲げる関係を有する者についての同条に規定する事項が記載されている文書
　　ロ　公務員の職務上の秘密に関する文書でその提出により公共の利益を害し，又は公務の遂行に著しい支障を生ずるおそれがあるもの

> ハ　第197条第1項第2号に規定する事実又は同項第3号に規定する事項で，黙秘の義務が免除されていないものが記載されている文書
> ニ　専ら文書の所持者の利用に供するための文書（国又は地方公共団体が所持する文書にあっては，公務員が組織的に用いるものを除く。）
> ホ　刑事事件に係る訴訟に関する書類若しくは少年の保護事件の記録又はこれらの事件において押収されている文書

[解説]

　刑法，刑事訴訟法と同じく民時訴訟法にもカルテの内容や医療事故調査の内部資料などの秘密を保護する規定が置かれています。刑事裁判でも民事裁判でも，医師や歯科医師など医療関係者が取得する秘密は，法律に則った手続を踏まなければ開示を強要されないことを知っておくべきです。

〔6〕　国家公務員法

> （服務の根本基準）
> 第96条　すべて職員は，国民全体の奉仕者として，公共の利益のために勤務し，且つ，職務の遂行に当つては，全力を挙げてこれに専念しなければならない。
> 2　前項に規定する根本基準の実施に関し必要な事項は，この法律又は国家公務員倫理法に定めるものを除いては，人事院規則でこれを定める。
> （法令及び上司の命令に従う義務並びに争議行為等の禁止）
> 第98条　職員は，その職務を遂行するについて，法令に従い，且つ，上司の職務上の命令に忠実に従わなければならない。
> 2　職員は，政府が代表する使用者としての公衆に対して同盟罷業，怠業その他の争議行為をなし，又は政府の活動能率を低下させる怠業的行為をしてはならない。又，何人も，このような違法な行為を企て，又はその遂行を共謀し，そそのかし，若しくはあおつてはならない。
> 3　職員で同盟罷業その他前項の規定に違反する行為をした者は，その行為の開始とともに，国に対し，法令に基いて保有する任命又は雇用上の権利をもつて，対抗することができない。
> （秘密を守る義務）
> 第100条　職員は，職務上知ることのできた秘密を漏らしてはならない。その職を退いた後といえども同様とする。
> 2　（略）
> 3　（略）
> 4　（略）

5　（略）

〔7〕 地方公務員法

（服務の根本基準）
第30条　すべて職員は，全体の奉仕者として公共の利益のために勤務し，且つ，職務の遂行に当つては，全力を挙げてこれに専念しなければならない。
（法令等及び上司の職務上の命令に従う義務）
第32条　職員は，その職務を遂行するに当つて，法令，条例，地方公共団体の規則及び地方公共団体の機関の定める規程に従い，且つ，上司の職務上の命令に忠実に従わなければならない。

［解説］
　指導・監査に関与する公務員もこの条文が適用されます。法規と上司の職務上の命令に違反すれば，当該職員は失職する可能性があります。

〔8〕 行政手続法

　行政手続の適正を定めた法規です。指導・監査もこの規則に従って行われます。

（目的等）
第1条　この法律は，処分，行政指導及び届出に関する手続並びに命令等を定める手続に関し，共通する事項を定めることによって，行政運営における公正の確保と透明性（行政上の意思決定について，その内容及び過程が国民にとって明らかであることをいう。第46条において同じ。）の向上を図り，もって国民の権利利益の保護に資することを目的とする。
2　処分，行政指導及び届出に関する手続並びに命令等を定める手続に関しこの法律に規定する事項について，他の法律に特別の定めがある場合は，その定めるところによる。

［解説］
　行政活動は権力を背景にしているため乱暴になりやすい性格があります。

この法規は行政の個人に対する権利侵害を抑止する作用があります。先に指導関係の条文，次いで監査関係条文を列記します。

(行政指導の一般原則)
第32条　行政指導にあっては，行政指導に携わる者は，いやしくも当該行政機関の任務又は所掌事務の範囲を逸脱してはならないこと及び行政指導の内容があくまでも相手方の任意の協力によってのみ実現されるものであることに留意しなければならない。
2　行政指導に携わる者は，その相手方が行政指導に従わなかったことを理由として，不利益な取扱いをしてはならない。
(許認可等の権限に関連する行政指導)
第34条　許認可等をする権限又は許認可等に基づく処分をする権限を有する行政機関が，当該権限を行使することができない場合又は行使する意思がない場合においてする行政指導にあっては，行政指導に携わる者は，当該権限を行使し得る旨を殊更に示すことにより相手方に当該行政指導に従うことを余儀なくさせるようなことをしてはならない。

[解説]
　指導の一般原則を示す条文です。現在の指導・監査と保険医取消の関係は連動性があり，この32条に違背している可能性があります。

(行政指導の方式)
第35条　行政指導に携わる者は，その相手方に対して，当該行政指導の趣旨及び内容並びに責任者を明確に示さなければならない。
2　行政指導に携わる者は，当該行政指導をする際に，行政機関が許認可等をする権限又は許認可等に基づく処分をする権限を行使し得る旨を示すときは，その相手方に対して，次に掲げる事項を示さなければならない。
　一　当該権限を行使し得る根拠となる法令の条項
　二　前号の条項に規定する要件
　三　当該権限の行使が前号の要件に適合する理由
3　行政指導が口頭でされた場合において，その相手方から前二項に規定する事項を記載した書面の交付を求められたときは，当該行政指導に携わる者は，行政上特別の支障がない限り，これを交付しなければならない。
4　前項の規定は，次に掲げる行政指導については，適用しない。
　一　相手方に対しその場において完了する行為を求めるもの
　二　既に文書（前項の書面を含む。）又は電磁的記録（電子的方式，磁気的方式そ

の他人の知覚によっては認識することができない方式で作られる記録であって，電子計算機による情報処理の用に供されるものをいう。）によりその相手方に通知されている事項と同一の内容を求めるもの

［解説］
指導の内容と責任者の明確を保障する規定です。

（処分の基準）
第12条　行政庁は，処分基準を定め，かつ，これを公にしておくよう努めなければならない。
2　行政庁は，処分基準を定めるに当たっては，不利益処分の性質に照らしてできる限り具体的なものとしなければならない。

［解説］
　12条は処分基準を明瞭にして自由保障機能を確保することになっています。
　ところが，不利益処分の基準の設定は努力義務になっています。具体的に厳格な基準を設定した場合，その基準には適合するものの違法性の高い行為が行われることが予想されるからです。それを防止する目的で，指導・監査の処分基準は不明瞭にしてあります。しかし，行政庁の基準は際限のない裁量を認めているわけではありません。憲法の順守義務や公正・公平原則を順守することは行政の義務です。
　監査での保険医取消基準はありますが，ほとんどすべての保険医に該当性がある基準であり，取消という重い処分の性質に照らし，より具体的で明快な基準設定が望まれます。以下に示す基準が現在の行政の基準です。

　＊監査対象者の選定基準と処分基準
　　　下記の基準で監査対象者が選定されることになっている。考え方により，誰でも監査対象者になりうることを知らねばならない。監査後の処分は下記の基準があるも明瞭な基準ではなく恣意的判断は避けがたい。
　■監査の選定基準（監査の選衡標準，厚生省昭和29年12月28日）（再掲）

診療内容及び診療報酬の請求の不正または不当とは，次のものをいう。
1．診療内容の不正
　　実際の診断名（誤診の場合を除く）にもとづく診療とは異なる不実の診療

行為をなすこと。
　　　診療上必要がないのに，研究の目的をもって検査を行うこと。
　　　通常の場合において，外用薬を一度に10日分を投与すること。
　　　診療取扱手続について，不実または違法の行為をなすこと。
　　　例えば，診療録に，実際の診療行為と異なるものを記載すること（保険病名の記載）。
 2．診療内容の不当
　　　実質的に妥当を欠く診療行為をなすこと（療養担当規則の診療方針または医学通念にてらし，妥当でない診療行為をなすこと。）
　　　例えば，診療担当規定に定める診療方針または医学通念にてらし，必要の限度を超え，または適切若しくは合理的でない診療を行うこと。すなわち濃厚診療，過剰診療，過少診療を行うこと。
　　　傷病が生活または環境に原因するものと認められたにもかかわらず，これに対して指導しなかったり，その指導が適切でないこと。
　　　診療取扱手続について，実質的に妥当を欠く行為をなすこと。
　　　例えば，診療録の記載が乱雑であったり，不明確であること。
 3．診療報酬の請求の不正
　　　不実の請求をすること。
　　　例えば，診療の事実がないのに請求すること。すなわち往診をしていないのに往診料を請求し，5本行った注射を7本として注射料を請求すること。
 4．診療報酬の請求の不当
　　　診療報酬請求手続について，実質的に妥当を欠く行為をなすこと。
　　　例えば，請求明細書の様式が所定の様式でないこと。
　　　次の場合には不正または不当があったことを疑うに足りるものとして，被監査医療担当者を選衡すること。
 (1) 支払基金の審査状況からみて，左のいずれかに該当し，かつ，その理由が明らかでないもの。
　　イ　一件当たりの点数が著しく多いもの。
　　ロ　一件当たりの点数が著しく多くはないが，取扱い総件数の多いもの。
　　ハ　一件当たりの点数が著しく多くはないが，一件当たりの日数が多いもの。
　　ニ　取扱い件数の著しく多いもの。
　　ホ　投薬または注射の多いもの。
 (2) 完全看護，完全給食に関する施設の調査，その他保険給付に関する患者，関係者，診療録の調査等から，保険医診療，診療取扱状況が適正でないと認められるもの。
 (3) その他不正・不当があったことを疑うに足りるもの。

[解説]
　この基準が監査対象の基本となっています。基準が曖昧であり，上記の内容にまったく抵触していない保険医は皆無であります。多数の患者が押し寄せている医療機関では乱雑なカルテ記載を排除することは不可能です。実施不能な規則は期待可能性がないため，処罰性は排除されると考えられますが，この監査選定基準には該当することを知っておくべきです。

■監査と取消処分（監査要綱，厚労省平成7年12月22日）（再掲）

> 1．監査
> 　　保険医療機関等の診療内容又は診療報酬の請求について，不正又は著しい不当が疑われる場合等において，的確に事実関係を把握するために行う（健康保険法第78条等）
> 　　なお，監査完了後，確認された事実に応じ，必要な措置（取消処分・戒告・注意）が採られる。
> 2．監査対象となる保険医療機関等の選定基準
> 　　監査は，次のいずれかに該当する場合に，地方厚生（支）局及び都道府県又は厚生労働省並びに地方厚生（支）局及び都道府県が共同で行うものとする。
> 　1　診療内容に不正または著しい不当があったことを疑うに足りる理由があるとき。
> 　2　診療報酬の請求に不正または著しい不当があったことを疑うに足りる理由があるとき。
> 　3　度重なる個別指導（「指導大綱」に定める「個別指導」をいう。以下同じ。）によっても診療内容又は診療報酬の請求に改善が見られないとき。
> 　4　正当な理由がなく個別指導を拒否したとき。
> 3．監査後の措置
> 　取消
> 　　　監査後に採られる行政上の措置の一つ。保険医療機関等の指定取消処分及び保険医等の登録取消処分のことであり，次のいずれかに該当する場合に取消処分の対象となる。
> 　　① 故意に不正又は不当な診療を行ったもの
> 　　② 故意に不正又は不当な診療報酬の請求を行ったもの
> 　　③ 重大な過失により，不正又は不当な診療をしばしば行ったもの
> 　　④ 重大な過失により，不正又は不当な診療報酬の請求をしばしば行ったもの
> 　　　取消処分を受けると，その旨が公表されるほか，原則として5年間，保険医療機関等の再指定及び保険医等の再登録を受けることができないこと

となる。
　戒告
　　地方厚生（支）局長は，保険医療機関等又は保険医等が次のいずれか1つに該当するときは，戒告を行う。
　　① 重大な過失により，不正又は不当な診療を行ったもの。
　　② 重大な過失により，不正又は不当な診療報酬の請求を行ったもの。
　　③ 軽微な過失により，不正又は不当な診療をしばしば行ったもの。
　　④ 軽微な過失により，不正又は不当な診療報酬の請求をしばしば行ったもの。
　注意
　　地方厚生（支）局長は，保険医療機関等又は保険医等が次のいずれか1つに該当するときは，注意を行う。
　　① 軽微な過失により，不正又は不当な診療を行ったもの。
　　② 軽微な過失により，不正又は不当な診療報酬の請求を行ったもの。
4．取消相当
　　本来，取消処分（保険医療機関等の指定取消，保険医等の登録取消）を行うべき事案について，保険医療機関等が既に廃止され，又は保険医等が既にその登録を抹消している等のため，これら行政処分を行えない場合に行われる取扱いであり，取消処分の場合と同様，取消相当である旨が公表されるほか，原則として5年間，再指定（再登録）を受けることができないこととなる。
注1 「故意」とは，自分の行為が一定の結果を生じることを認識し，かつ，この結果を生ずることを認容することをいう。また，「故意」の認定は，聴取内容や関係書類の客観的事実をもって判断する。
注2 「重大な過失」とは，医療担当者として守るべき注意義務を欠いた程度の重いものをいい，「軽微な過失」とは，その程度の軽いものをいう。
注3 「不正」とは，いわゆる詐欺，不法行為に当たるようなものをいい，「不当」とは算定要件を満たさない（診療録に指導内容の記載が不十分である等）ものをいう。
注4 「しばしば」とは，1回の監査において件数からみてしばしば事故のあった場合及び1回の監査における事故がしばしばなくとも監査を受けた際の事故がその後数回の監査にあって同様の事故が改められない場合。

〔社会保険医療担当者の監査について（昭和28年6月24日付け保険発第134号）〕

[解説]
　現在の監査の基準です。過誤のない保険医は皆無でしょう。それにもかかわらず，どの程度が「しばしば」であるのか不明であり，重大な過失と軽微な過失の境界も不明です。恣意的な監査が行われかねません。下記に故意について記述します。

> ・故意（刑法38条に規定あり）
>   違法性があるとの反対動機の形成が可能な程度の事実認識があり，反対動機の形成が可能であったにもかかわらず，あえて違法な行為をすること。
> ・未必の故意
>   犯罪結果の実現は不確実だが，それが実現されるかもしれないことを表象し，かつ，実現されることを認容し違法な行為をすること。

　診療報酬点数表の項目は数万件あり，それぞれに請求要件がある状態では確実な診療報酬請求事務を行うことは不可能です。そのため，保険医は過誤が発生することは当然と考えています。一定程度の過誤は生じるのは当然であることが診療報酬事務との認識に立てば，過誤請求は単なる軽過失と考えることになります。現行の診療報酬請求事務はこの考えで処理されています。

　もっとも，過誤請求のうち，意図的に行ったものは，詐欺罪の故意が認められます。意図的ではなく不注意で，診療報酬点数表を誤解したり見落としたり，あるいは必要な記載事項を落としてしまったような場合は，過失となります。ただし，診療報酬点数表に「こういう定めがあるとは知らなかった」という場合は，刑法38条3項によって詐欺罪の「故意がある」とされる危険があります。

　なお，意図的に過誤請求を行った場合でも，意図的ではなく単なる過誤であると主張した場合は，意図的であったことが立証されなければ，結局は過失とされることになります。レセプトだけでは，意図的であるのか不注意であるのかの判別は困難で，他の事情や証拠を含めて判断していくほかありません。

　この点，審査機関の介在や指導制度が診療報酬請求の錯誤を予定し，容認している制度と考えられるため，本質的に違法性を阻却していると考えられています。

　本書では過誤請求は軽過失と考え，過誤金額の割合と件数を基準に処罰の規定をしています。

> ・過失
>   通常の事故発生の予見と結果回避の義務を尽くせば回避可能であったが，それを怠り事故を発生させること。
>   故意が「意図的」であるのに対し，過失とは「不注意」を意味する。結果の発生を予測し，それを回避する行動をとる義務（注意義務）があったのに，「不注意で」これをしなかった場合に「過失がある」とされる。意図的にしない場合は，故意が認められる。

・重過失
　重過失とは刑法上は結果の予見が極めて容易な場合に予見しないことや，予見するも著しい注意義務違反のために危険な結果を回避しなかった場合の過失を指す。軽過失はそれ以外を指す。
　民法上は不注意ないし注意義務違反が甚だしい場合が重過失とされ，そうでないものは軽過失とされる。

　通常，診療報酬請求の過誤は軽過失と判断されています。保険医の主たる業務は診療行為であり，金銭に対する行為は付随的業務にすぎません。そのため，保険医は診療報酬請求事務について多くの労力を割くべき重要な業務と考えてはいません。同時に診療報酬点数表の複雑さが不注意を頻発させます。このため，一定の過誤の発生を予見され，容認されているとも考えられます。いずれにせよ，故意，未必の故意，重過失，軽過失の判別は容易にできる事柄ではありません。ですから，保険医は過誤をどのように解釈されるか常に不安です。

（不利益処分をしようとする場合の手続）
第13条　行政庁は，不利益処分をしようとする場合には，次の各号の区分に従い，この章の定めるところにより，当該不利益処分の名あて人となるべき者について，当該各号に定める意見陳述のための手続を執らなければならない。
　一　次のいずれかに該当するとき　聴聞
　　イ　許認可等を取り消す不利益処分をしようとするとき。
　　ロ　イに規定するもののほか，名あて人の資格又は地位を直接にはく奪する不利益処分をしようとするとき。
　　ハ　名あて人が法人である場合におけるその役員の解任を命ずる不利益処分，名あて人の業務に従事する者の解任を命ずる不利益処分又は名あて人の会員である者の除名を命ずる不利益処分をしようとするとき。
　　ニ　イからハまでに掲げる場合以外の場合であって行政庁が相当と認めるとき。
　二　前号イからニまでのいずれにも該当しないとき　弁明の機会の付与
2　（略）
（不利益処分の理由の提示）
第14条　行政庁は，不利益処分をする場合には，その名あて人に対し，同時に，当該不利益処分の理由を示さなければならない。ただし，当該理由を示さないで処分をすべき差し迫った必要がある場合は，この限りでない。
2　行政庁は，前項ただし書の場合においては，当該名あて人の所在が判明しなくなったときその他処分後において理由を示すことが困難な事情があるときを除き，処分後相当の期間内に，同項の理由を示さなければならない。

3 不利益処分を書面でするときは,前2項の理由は,書面により示さなければならない。

［解説］

監査の手続の基準が規定されています。また,形骸化されているきらいはありますが,聴聞を受ける権利も規定されています。行政処分はそれをしない場合,社会の公益性が損なわれることや行政目的が損なわれることが要件となります。したがって,医師会や歯科医師会と厚生省の申し合わせと関係なく,指導を繰り返すことで解決できる事案は原則として保険医取消処分にはならないとも考えられます。

当然ではありますが,不利益処分の理由の開示は義務づけられています。

（聴聞の通知の方式）
第15条 行政庁は,聴聞を行うに当たっては,聴聞を行うべき期日までに相当な期間をおいて,不利益処分の名あて人となるべき者に対し,次に掲げる事項を書面により通知しなければならない。
一 予定される不利益処分の内容及び根拠となる法令の条項
二 不利益処分の原因となる事実
三 聴聞の期日及び場所
四 聴聞に関する事務を所掌する組織の名称及び所在地
2 前項の書面においては,次に掲げる事項を教示しなければならない。
一 聴聞の期日に出頭して意見を述べ,及び証拠書類又は証拠物（以下「証拠書類等」という。）を提出し,又は聴聞の期日への出頭に代えて陳述書及び証拠書類等を提出することができること。
二 聴聞が終結する時までの間,当該不利益処分の原因となる事実を証する資料の閲覧を求めることができること。
3 行政庁は,不利益処分の名あて人となるべき者の所在が判明しない場合においては,第1項の規定による通知を,その者の氏名,同項第3号及び第4号に掲げる事項並びに当該行政庁が同項各号に掲げる事項を記載した書面をいつでもその者に交付する旨を当該行政庁の事務所の掲示場に掲示することによって行うことができる。この場合においては,掲示を始めた日から2週間を経過したときに,当該通知がその者に到達したものとみなす。

［解説］

監査で保険医取消になった場合,被監査者は上記期間内に証拠と共に反論

が必要になります。その場合，どの患者の何の診療がどのように違法なのかを逐一明瞭にすることが必要です。

（代理人）
第16条 前条第１項の通知を受けた者（同条第３項後段の規定により当該通知が到達したものとみなされる者を含む。以下「当事者」という。）は，代理人を選任することができる。
2 （略）
3 （略）
4 （略）

［解説］
聴聞の段階で，弁護士や同僚医師の同席を認めています。監査の場で同席すべきと考えますが，いかがでしょうか。

（聴聞の期日における審理の方式）
第20条 主宰者は，最初の聴聞の期日の冒頭において，行政庁の職員に，予定される不利益処分の内容及び根拠となる法令の条項並びにその原因となる事実を聴聞の期日に出頭した者に対し説明させなければならない。
2 当事者又は参加人は，聴聞の期日に出頭して，意見を述べ，及び証拠書類等を提出し，並びに主宰者の許可を得て行政庁の職員に対し質問を発することができる。
3 前項の場合において，当事者又は参加人は，主宰者の許可を得て，補佐人とともに出頭することができる。
4 主宰者は，聴聞の期日において必要があると認めるときは，当事者若しくは参加人に対し質問を発し，意見の陳述若しくは証拠書類等の提出を促し，又は行政庁の職員に対し説明を求めることができる。
5 主宰者は，当事者又は参加人の一部が出頭しないときであっても，聴聞の期日における審理を行うことができる。
6 聴聞の期日における審理は，行政庁が公開することを相当と認めるときを除き，公開しない。

（聴聞調書及び報告書）
第24条 主宰者は，聴聞の審理の経過を記載した調書を作成し，当該調書において，不利益処分の原因となる事実に対する当事者及び参加人の陳述の要旨を明らかにしておかなければならない。
2 前項の調書は，聴聞の期日における審理が行われた場合には各期日ごとに，当該

審理が行われなかった場合には聴聞の終結後速やかに作成しなければならない。
3　主宰者は，聴聞の終結後速やかに，不利益処分の原因となる事実に対する当事者等の主張に理由があるかどうかについての意見を記載した報告書を作成し，第１項の調書とともに行政庁に提出しなければならない。
4　当事者又は参加人は，第１項の調書及び前項の報告書の閲覧を求めることができる。

（聴聞の再開）
第25条　行政庁は，聴聞の終結後に生じた事情にかんがみ必要があると認めるときは，主宰者に対し，前条第３項の規定により提出された報告書を返戻して聴聞の再開を命ずることができる。第22条第２項本文及び第３項の規定は，この場合について準用する。

（聴聞を経てされる不利益処分の決定）
第26条　行政庁は，不利益処分の決定をするときは，第24条第１項の調書の内容及び同条第３項の報告書に記載された主宰者の意見を十分に参酌してこれをしなければならない。

[解説]

　保険医取消処分が決定すると，その決定には不可変更力が生じます。取消処分に不服があっても，その撤回は違法性が重大であり，かつ，明白でない限り，容易ではありません。裁判上の無効判決を勝ち取らなければ，その決定は無効とはなりません。裁判では保険医取消の執行停止と取消処分の無効を求めることになります。

　執行停止の要件は重大な損害を避けるための緊急の必要性，公共の福祉に重大な影響を及ぼすおそれがないこと，事実関係や違法とした内容の誤りなどを被監査人が立証し，処分に裁量権の逸脱がないものと断定することはできないことを示さなければなりません。

　その後の本裁判では，取消処分の無効は行った違法と処分の比例原則違反（溝部訴訟）や処分理由の不存在，監査手法の異常な状態（自由意思を奪う強要行為や脅迫的行為）などを争うことになります。

　いずれにせよ，医療者では裁判の追行は困難であり，弁護士に依頼が必要になります。監査の開始から弁護士が対応していれば，争訟に必要な証拠の保存ができ，無闇な保険医取消に対する裁判が円滑に進む利点があります。監査に弁護士が不可欠な理由はそのためです。

〔9〕 健康保険法

(目的)
第1条　この法律は，労働者又はその被扶養者の業務災害（労働者災害補償保険法（昭和22年法律第50号）第7条第1項第1号に規定する業務災害をいう。）以外の疾病，負傷若しくは死亡又は出産に関して保険給付を行い，もって国民の生活の安定と福祉の向上に寄与することを目的とする。

(基本的理念)
第2条　健康保険制度については，これが医療保険制度の基本をなすものであることにかんがみ，高齢化の進展，疾病構造の変化，社会経済情勢の変化等に対応し，その他の医療保険制度及び後期高齢者医療制度並びにこれらに密接に関連する制度と併せてその在り方に関して常に検討が加えられ，その結果に基づき，医療保険の運営の効率化，給付の内容及び費用の負担の適正化並びに国民が受ける医療の質の向上を総合的に図りつつ，実施されなければならない。

[解説]

　健康保険法は憲法25条2項の要請により，国が国民の健康を保護する義務を負うことを明記している法律です。国民健康保険法や高齢者の医療の確保に関する法律などの法規も同様な条文で構成されています。

(保険医療機関又は保険薬局の責務)
第70条　保険医療機関又は保険薬局は，当該保険医療機関において診療に従事する保険医又は当該保険薬局において調剤に従事する保険薬剤師に，第72条第1項の厚生労働省令で定めるところにより，診療又は調剤に当たらせるほか，厚生労働省令で定めるところにより，療養の給付を担当しなければならない。
2　保険医療機関又は保険薬局は，前項（第85条第9項，第85条の2第5項，第86条第4項，第110条第7項及び第149条において準用する場合を含む。）の規定によるほか，船員保険法，国民健康保険法，国家公務員共済組合法（昭和33年法律第128号。他の法律において準用し，又は例による場合を含む。）又は地方公務員等共済組合法（以下「この法律以外の医療保険各法」という。）による療養の給付並びに被保険者及び被扶養者の療養並びに高齢者の医療の確保に関する法律による療養の給付，入院時食事療養費に係る療養，入院時生活療養費に係る療養及び保険外併用療養費に係る療養を担当するものとする。

(保険医又は保険薬剤師の責務)

第72条 保険医療機関において診療に従事する保険医又は保険薬局において調剤に従事する保険薬剤師は，厚生労働省令で定めるところにより，健康保険の診療又は調剤に当たらなければならない．
2　保険医療機関において診療に従事する保険医又は保険薬局において調剤に従事する保険薬剤師は，前項（第85条第9項，第85条の2第5項，第86条第4項，第110条第7項及び第149条において準用する場合を含む．）の規定によるほか，この法律以外の医療保険各法又は高齢者の医療の確保に関する法律による診療又は調剤に当たるものとする．

（厚生労働大臣の指導）
第73条 保険医療機関及び保険薬局は療養の給付に関し，保険医及び保険薬剤師は健康保険の診療又は調剤に関し，厚生労働大臣の指導を受けなければならない．
2　厚生労働大臣は，前項の指導をする場合において，必要があると認めるときは，診療又は調剤に関する学識経験者をその関係団体の指定により指導に立ち会わせるものとする．ただし，関係団体が指定を行わない場合又は指定された者が立ち会わない場合は，この限りでない．

［解説］
　保険診療内容を72条で規定して，73条で規定した指導により，法規（保険診療）の適正を担保する仕組みになっています．

（療養の給付に関する費用）
第76条 保険者は，療養の給付に関する費用を保険医療機関又は保険薬局に支払うものとし，保険医療機関又は保険薬局が療養の給付に関し保険者に請求することができる費用の額は，療養の給付に要する費用の額から，当該療養の給付に関し被保険者が当該保険医療機関又は保険薬局に対して支払わなければならない一部負担金に相当する額を控除した額とする．
2　前項の療養の給付に要する費用の額は，厚生労働大臣が定めるところにより，算定するものとする．
3　保険者は，厚生労働大臣の認可を受けて，保険医療機関又は保険薬局との契約により，当該保険医療機関又は保険薬局において行われる療養の給付に関する第1項の療養の給付に要する費用の額につき，前項の規定により算定される額の範囲内において，別段の定めをすることができる．
4　保険者は，保険医療機関又は保険薬局から療養の給付に関する費用の請求があったときは，第70条第1項及び第72条第1項の厚生労働省令並びに前2項の定めに照らして審査の上，支払うものとする．
5　保険者は，前項の規定による審査及び支払に関する事務を社会保険診療報酬支払基金法（昭和23年法律第129号）による社会保険診療報酬支払基金（第88条第11項

において単に「基金」という。）又は国民健康保険法第45条第5項に規定する国民健康保険団体連合会（第88条第11項において「国保連合会」という。）に委託することができる。
6　前各項に定めるもののほか，保険医療機関又は保険薬局の療養の給付に関する費用の請求に関して必要な事項は，厚生労働省令で定める。
(薬価調査等についての厚生労働大臣の権限)
第77条　厚生労働大臣は，前条第2項の定めのうち薬剤に関する定めその他厚生労働大臣の定めを適正なものとするため，必要な調査を行うことができる。
(保険医療機関又は保険薬局の報告等)
第78条　厚生労働大臣は，療養の給付に関して必要があると認めるときは，保険医療機関若しくは保険薬局若しくは保険医療機関若しくは保険薬局の開設者若しくは管理者，保険医，保険薬剤師その他の従業者であった者（以下この項において「開設者であった者等」という。）に対し報告若しくは診療録その他の帳簿書類の提出若しくは提示を命じ，保険医療機関若しくは保険薬局の開設者若しくは管理者，保険医，保険薬剤師その他の従業者（開設者であった者等を含む。）に対し出頭を求め，又は当該職員に関係者に対して質問させ，若しくは保険医療機関若しくは保険薬局について設備若しくは診療録，帳簿書類その他の物件を検査させることができる。
2　第7条の38第2項及び第73条第2項の規定は前項の規定による質問又は検査について，第7条の38第3項の規定は前項の規定による権限について準用する。

［解説］

76条は，診療報酬点数表の根拠条文です。

78条が，保険医や保険医療機関に対する検査行為を規定している条文です。反対解釈をすると，この監査以外ではカルテの検査などは強制できないことになります。73条と78条の違いは「必要があると認めるとき」の記載です。公益性のため，保険診療に問題がある場合に検査を許可しています。

(秘密保持義務)
第7条の37　協会の役員若しくは職員又はこれらの職にあった者は，健康保険事業に関して職務上知り得た秘密を正当な理由がなく漏らしてはならない。
2　前項の規定は，協会の運営委員会の委員又は委員であった者について準用する。
(報告の徴収等)
第7条の38　厚生労働大臣は，協会について，必要があると認めるときは，その事業及び財産の状況に関する報告を徴し，又は当該職員をして協会の事務所に立ち入って関係者に質問させ，若しくは実地にその状況を検査させることができる。
2　前項の規定によって質問又は検査を行う当該職員は，その身分を示す証明書を携帯し，かつ，関係者の請求があるときは，これを提示しなければならない。

> 3 第1項の規定による権限は，犯罪捜査のために認められたものと解釈してはならない。

[解説]

監査を行う権限を行政に付与していますが，この場合でも守秘義務のある行政調査であり，犯罪の捜査ではないことが明示されています。

〔10〕 指 導 大 綱

指導業務の行政行為を規律するための内部文書です。名宛人は保険医ではありません。

> 第1 目的
>   この大綱は，厚生労働大臣若しくは地方厚生（支）局長又は都道府県知事が，健康保険法（大正11年法律第70号）第73条（同法及び船員保険法（昭和14年法律第73号）において準用する場合を含む。），国民健康保険法（昭和33年法律第192号）第41条及び高齢者の医療の確保に関する法律（昭和57年法律第80号）第66条（同法において準用する場合を含む。）の規定に基づき，保険医療機関若しくは保険薬局（以下「保険医療機関等」という。）又は保険医若しくは保険薬剤師（以下「保険医等」という。）に対して行う健康保険法，船員保険法，国民健康保険法及び高齢者の医療の確保に関する法律による療養の給付又は入院時食事療養費，入院時生活療養費，保険外併用療養費若しくは家族療養費の支給に係る診療（調剤を含む。以下同じ。）の内容又は診療報酬（調剤報酬を含む。以下同じ。）の請求に関する指導について基本的事項を定めることにより，保険診療の質的向上及び適正化を図ることを目的とする。

[解説]

指導は，保険診療の質的向上と適正化を目的にし，保険医の行政調査や処罰を目的にしていません。指導が処分を目的とする監査と同視すべきものとすることは誤りです。

> 第2 指導方針
>   指導は，保険医療機関等及び保険医等に対し「保険医療機関及び保険医療養担当規則」（昭和32年厚生省令第15号），「保険薬局及び保険薬剤師療養担当規則」（昭和32年厚生省令第16号），「療養の給付及び公費負担医療に関する費用の請求に関する

省令」（昭和51年厚生省令第36号），「診療報酬の算定方法」（平成20年厚生労働省告示第59号），「入院時食事療養費に係る食事療養及び入院時生活療養費に係る生活療養の費用の額の算定に関する基準」（平成18年厚生労働省告示第99号），「高齢者の医療の確保に関する法律の規定による療養の給付等の取扱い及び担当に関する基準」（昭和58年厚生省告示第14号）等に定める保険診療の取扱い，診療報酬の請求等に関する事項について周知徹底させることを主眼とし，懇切丁寧に行う。

なお，指導を行うに当たっては，医師会，歯科医師会及び薬剤師会，審査支払機関並びに保険者に協力を求め，円滑な実施に努める。

［解説］

指導は，行政が決定した保険診療の周知徹底を目的に懇切丁寧に説明することになっています。また，医師会や歯科医師会の協力のもとに運営することを規定しています。保険医は医師会や歯科医師会を介して，現行の指導・監査制度を認めていることになっています。

別の視点では，行政と医師会・歯科医師会は一体化し指導・監査に当たることになります。その連合体が指導・監査対象者に対峙する仕組みになっている点を認識すべきです。

第4　指導対象となる保険医療機関等及び保険医等の選定

指導は，原則としてすべての保険医療機関等及び保険医等を対象とするが，効果的かつ効率的な指導を行う観点から，指導形態に応じて次の基準に基づいて対象となる保険医療機関等又は保険医等の選定を行う。

1　選定委員会の設置等
  (1) 地方厚生（支）局分室等（北海道厚生局にあっては当該厚生局（医療指導課），その他の地方厚生（支）局にあっては当該厚生（支）局（指導監査課）及び分室）に地方厚生（支）局長が指名する技官及び事務官等を構成員とする選定委員会を設置する。
　　なお，選定委員会には都道府県の職員も参画することができる。
  (2) 選定委員会においては，集団的個別指導及び都道府県個別指導の対象となる保険医療機関等並びに共同指導及び特定共同指導の対象候補となる保険医療機関等について，選定基準に照らして公正に選定を行う。
  (3) 選定委員会は，選定に当たり必要と認められるときは，都道府県の社会保険診療報酬支払基金又は国民健康保険団体連合会（以下「支払基金等」という。）に意見を聴くことができる。
  (4) 共同指導及び特定共同指導の対象となる保険医療機関等については，対象候補の中から厚生労働省並びに地方厚生（支）局及び都道府県が協議のうえ選定

を行う。
2 集団指導の選定基準
次の選定基準に基づいて選定する。
(1) 新規指定の保険医療機関等については，概ね1年以内にすべてを対象として実施する。
(2) 診療報酬の改定時における指導，保険医療機関等の指定更新時における指導，臨床研修指定病院等の指導，保険医等の新規登録時における指導等については，指導の目的，内容を勘案して選定する。
3 集団的個別指導の選定基準
保険医療機関等の機能，診療科等を考慮した上で診療報酬明細書（調剤報酬明細書を含む。以下同じ。）の1件当たりの平均点数が高い保険医療機関等（ただし，取扱件数の少ない保険医療機関等は除く。以下「高点数保険医療機関等」という。）について1件当たりの平均点数が高い順に選定する。
なお，集団的個別指導又は個別指導を受けた保険医療機関等については，翌年度及び翌々年度は集団的個別指導の対象から除く。
4 個別指導の選定基準
(1) 都道府県個別指導
次に掲げるものについて，原則として全件都道府県個別指導を実施する。
① 支払基金等，保険者，被保険者等から診療内容又は診療報酬の請求に関する情報の提供があり，都道府県個別指導が必要と認められた保険医療機関等
② 個別指導の結果，第7の1の(2)に掲げる措置が「再指導」であった保険医療機関等又は「経過観察」であって，改善が認められない保険医療機関等
③ 監査の結果，戒告又は注意を受けた保険医療機関等
④ 集団的個別指導の結果，指導対象となった大部分の診療報酬明細書について，適正を欠くものが認められた保険医療機関等
⑤ 集団的個別指導を受けた保険医療機関等のうち，翌年度の実績においても，なお高点数保険医療機関等に該当するもの（ただし，集団的個別指導を受けた後，個別指導の選定基準のいずれかに該当するものとして個別指導を受けたものについては，この限りでない。）
⑥ 正当な理由がなく集団的個別指導を拒否した保険医療機関等
⑦ その他特に都道府県個別指導が必要と認められる保険医療機関等
(2) 共同指導
① 過去における都道府県個別指導にもかかわらず，診療内容又は診療報酬の請求に改善が見られず，共同指導が必要と認められる保険医療機関等
② 支払基金等から診療内容又は診療報酬の請求に関する連絡があり，共同指導が必要と認められる保険医療機関等
③ 集団的個別指導を受けた保険医療機関等のうち，翌年度の実績においても，なお高点数保険医療機関等に該当するもの（ただし，集団的個別指導を受けた後，個別指導の選定基準のいずれかに該当するものとして個別指導を

受けたものについては，この限りでない。）
　　　④　その他特に共同指導が必要と認められる保険医療機関等
　(3) 特定共同指導
　　　①　医師等の卒後教育修練や高度な医療を提供する医療機関である臨床研修指定病院，大学附属病院，特定機能病院等の保険医療機関
　　　②　同一開設者に係る複数の都道府県に所在する保険医療機関等
　　　③　その他緊急性を要する場合等であって，特に特定共同指導が必要と認められる保険医療機関等

第5　（略）
第6　（略）
第7　**指導後の措置等**
　1　指導後の措置
　(1) 集団的個別指導
　　　翌年度においても高点数保険医療機関に該当した場合，翌々年度に個別指導を行う。
　　　なお，指導対象となった大部分の診療報酬明細書について，適正を欠くものが認められた保険医療機関等にあっては，集団的個別指導後，概ね1年以内に都道府県個別指導を行う。
　(2) 個別指導
　　　個別指導後の措置は，次のとおりとし，診療内容及び診療報酬の請求の妥当性等により措置する。
　　　①　概ね妥当
　　　　　診療内容及び診療報酬の請求に関し，概ね妥当適切である場合
　　　②　経過観察
　　　　　診療内容又は診療報酬の請求に関し，適正を欠く部分が認められるものの，その程度が軽微で，診療担当者等の理解も十分得られており，かつ，改善が期待できる場合
　　　　　なお，経過観察の結果，改善が認められないときは，当該保険医療機関等に対して再指導を行う。
　　　③　再指導
　　　　　診療内容又は診療報酬の請求に関し，適正を欠く部分が認められ，再度指導を行わなければ改善状況が判断できない場合
　　　　　なお，不正又は不当が疑われ，患者から受療状況等の聴取が必要と考えられる場合は，速やかに患者調査を行い，その結果を基に当該保険医療機関等の再指導を行う。患者調査の結果，不正又は著しい不当が明らかとなった場合は，再指導を行うことなく当該保険医療機関等に対して「監査要綱」に定めるところにより監査を行う。
　　　④　要監査
　　　　　指導の結果，「監査要綱」に定める監査要件に該当すると判断した場合

> この場合は，後日速やかに監査を行う。
> 　なお，指導中に診療内容又は診療報酬の請求について，明らかに不正又は著しい不当が疑われる場合にあっては，指導を中止し，直ちに監査を行うことができる。
> 2　（略）
> 3　（略）

［解説］
　指導と監査は別のものでありますが，上記のように指導大綱では指導と監査は連動することが明記されています。

〔11〕　保険医療機関及び保険医療養担当規則

> （療養の給付の担当の範囲）
> 第1条　保険医療機関が担当する療養の給付並びに被保険者及び被保険者であつた者並びにこれらの者の被扶養者の療養（以下単に「療養の給付」という。）の範囲は，次のとおりとする。
> 　一　診察
> 　二　薬剤又は治療材料の支給
> 　三　処置，手術その他の治療
> 　四　居宅における療養上の管理及びその療養に伴う世話その他の看護
> 　五　病院又は診療所への入院及びその療養に伴う世話その他の看護
> （療養の給付の担当方針）
> 第2条　保険医療機関は，懇切丁寧に療養の給付を担当しなければならない。
> 2　保険医療機関が担当する療養の給付は，被保険者及び被保険者であつた者並びにこれらの者の被扶養者である患者（以下単に「患者」という。）の療養上妥当適切なものでなければならない。
> （診療に関する照会）
> 第2条の2　保険医療機関は，その担当した療養の給付に係る患者の疾病又は負傷に関し，他の保険医療機関から照会があつた場合には，これに適切に対応しなければならない。
> （適正な手続の確保）
> 第2条の3　保険医療機関は，その担当する療養の給付に関し，厚生労働大臣又は地方厚生局長若しくは地方厚生支局長に対する申請，届出等に係る手続及び療養の給付に関する費用の請求に係る手続を適正に行わなければならない。

〔11〕 保険医療機関及び保険医療養担当規則   *135*

［解説］
　この法規は，医療と医療上の管理に対する保険請求についての規則を定めています。医師法や医療法と重なる部分も多い保険診療の基本を定めています。解釈上の問題が発生することは，健康保険法が医療関係法令の規定する医療のすべてを網羅していないためです。

> （一部負担金等の受領）
> 第5条　保険医療機関は，被保険者又は被保険者であつた者については法第74条の規定による一部負担金，法第85条に規定する食事療養標準負担額（同条第2項の規定により算定した費用の額が標準負担額に満たないときは，当該費用の額とする。以下単に「食事療養標準負担額」という。），法第85条の2に規定する生活療養標準負担額（同条2項の規定により算定した費用の額が生活療養標準負担額に満たないときは，当該費用の額とする。以下単に「生活療養標準負担額」という。）又は法第86条の規定による療養（法第63条第2項第1号に規定する食事療養（以下「食事療養」という。）及び同項第2号に規定する生活療養（以下「生活療養」という。）を除く。）についての費用の額に法第74条第1項各号に掲げる場合の区分に応じ，同項各号に定める割合を乗じて得た額（食事療養を行つた場合においては食事療養標準負担額を加えた額とし，生活療養を行つた場合においては生活療養標準負担額を加えた額とする。）の支払を，被扶養者については法第76条第2項，第85条第2項，第85条の2第2項又は第86条第2項第1号の費用の額の算定の例により算定された費用の額から法第110条の規定による家族療養費として支給される額に相当する額を控除した額の支払を受けるものとする。
> 2　保険医療機関は，食事療養に関し，当該療養に要する費用の範囲内において法第85条第2項又は第110条第3項の規定により算定した費用の額を超える金額の支払を，生活療養に関し，当該療養に要する費用の範囲内において法第85条の2第2項又は第110条第3項の規定により算定した費用の額を超える金額の支払を，法第63条第2項第3号に規定する評価療養（以下「評価療養」という。）又は同項第4号に規定する選定療養（以下「選定療養」という。）に関し，当該療養に要する費用の範囲内において法第86条第2項又は第110条第3項の規定により算定した費用の額を超える金額の支払を受けることができる。

［解説］
　保険診療に追加して自己負担金の請求を加えることを禁止している条文です。この条文を反対解釈すると，支払を受けることができるとされていない費用は支払を受けることができないことになります。例外が選定医療と評価

医療です．指導・監査ではこの点を問題とすることがしばしばあります．歯科領域では自由診療を保険診療に付加する形の診療があります．その場合の制限規定を熟知する必要があります．

（領収証等の交付）
第5条の2　保険医療機関は，前条の規定により患者から費用の支払を受けるときは，正当な理由がない限り，個別の費用ごとに区分して記載した領収証を無償で交付しなければならない．
2　（略）
3　（略）

［解説］
　領収書の発行は診療内容の明確化や診療内容を知る権利の保護を目的にしています．その効果は，患者さんが医療行為を金銭で購入すること（売買契約を連想させること）の意識づけにもなっています．そのため，医療の相互扶助精神が希薄化される効果を持っていることを知っておかなければなりません．

（保険外併用療養費に係る療養の基準等）
第5条の4　保険医療機関は，評価療養又は選定療養に関して第5条第2項の規定による支払を受けようとする場合において，当該療養を行うに当たり，その種類及び内容に応じて厚生労働大臣の定める基準に従わなければならないほか，あらかじめ，患者に対しその内容及び費用に関して説明を行い，その同意を得なければならない．
2　保険医療機関は，その病院又は診療所の見やすい場所に，前項の療養の内容及び費用に関する事項を掲示しなければならない．

［解説］
　診療の具体的な要件が医療法の規定より精細に規定されています．保険医療機関が評価療養又は選定療養に関して患者に費用を逐一説明や同意を得ていない場合，本条項に違反します．

(診療録の記載及び整備)
第8条　保険医療機関は，第22条の規定による診療録に療養の給付の担当に関し必要な事項を記載し，これを他の診療録と区別して整備しなければならない。

[解説]
　指導や監査の場合，診療録の記載の不備はこの条項や医師法の条項に抵触することになります。もっとも，どの程度に記載するかは診療の状況により精細に記載する場合もあれば，簡略にしか記載できない場合もあります。何も記載がないと適不適の問題ではなく，違法になります。

(帳簿等の保存)
第9条　保険医療機関は，療養の給付の担当に関する帳簿及び書類その他の記録をその完結の日から3年間保存しなければならない。ただし，患者の診療録にあつては，その完結の日から5年間とする。

[解説]
　カルテの保存義務は上記年限でありますが，あくまで終診になってからの期間である点に注意する必要があります。監査では初診からの診療内容と保険請求が検査されます。

(診療の一般的方針)
第12条　保険医の診療は，一般に医師又は歯科医師として診療の必要があると認められる疾病又は負傷に対して，適確な診断をもととし，患者の健康の保持増進上妥当適切に行われなければならない。

[解説]
　指導・監査で濃厚診療や過少診療を指摘されることがあります。この条項の適用がないかを検討してみましょう。しかし，妥当な医療は個々の患者で異なることもあり，基準は不明瞭です。

(療養及び指導の基本準則)

> 第13条　保険医は，診療に当つては，懇切丁寧を旨とし，療養上必要な事項は理解し易いように指導しなければならない。
> (指導)
> 第14条　保険医は，診療にあたつては常に医学の立場を堅持して，患者の心身の状態を観察し，心理的な効果をも挙げることができるよう適切な指導をしなければならない。
> 第15条　保険医は，患者に対し予防衛生及び環境衛生の思想のかん養に努め，適切な指導をしなければならない。

[解説]

　医療法・医師法・歯科医師法の順守を規定していると考えられますが，予防や公衆衛生上の医療は健康保険法の範囲外になりがちです。この点の健康保険法の柔軟な運用が望まれます。同時に，この点での診療報酬の在り方を明示すべきです。

> (転医及び対診)
> 第16条　保険医は，患者の疾病又は負傷が自己の専門外にわたるものであるとき，又はその診療について疑義があるときは，他の保険医療機関へ転医させ，又は他の保険医の対診を求める等診療について適切な措置を講じなければならない。
> (診療に関する照会)
> 第16条の2　保険医は，その診療した患者の疾病又は負傷に関し，他の保険医療機関又は保険医から照会があつた場合には，これに適切に対応しなければならない。

[解説]

　他の医療機関に患者を紹介する場合，診療依頼の目的のほかに主訴，紹介の目的，臨床経過，検査結果，既往歴，家族歴，服薬内容，薬剤の副作用歴を記載することになります。実際の医療現場では，多忙や必要性の観点で省略されていることが多いのですが，指導や監査の場では問題とされることもあります。この点も医療慣行を整理し，医療機関の区分に従った明瞭な基準を作るべきです。

> (施術の同意)
> 第17条　保険医は，患者の疾病又は負傷が自己の専門外にわたるものであるという理

〔11〕 保険医療機関及び保険医療養担当規則   139

由によつて，みだりに，施術業者の施術を受けさせることに同意を与えてはならない。

（特殊療法等の禁止）
第18条 保険医は，特殊な療法又は新しい療法等については，厚生労働大臣の定めるもののほか行つてはならない。

［解説］
　診療の義務と研究的診療の禁止を規定しています。ピロリ菌感染胃炎などの世界で汎用化されている診療があるものの，保険診療に縛りがある医療をどう捉えるかは保険医により判断に差が出ることになります。指導・監査の場では自己が正しいとする主張を明確に発言するべきです。

（診療の具体的方針）
第20条 医師である保険医の診療の具体的方針は，前12条の規定によるほか，次に掲げるところによるものとする。
　一　診察
　　イ　診察は，特に患者の職業上及び環境上の特性等を顧慮して行う。
　　ロ　診察を行う場合は，患者の服薬状況及び薬剤服用歴を確認しなければならない。ただし，緊急やむを得ない場合については，この限りではない。
　　ハ　健康診断は，療養の給付の対象として行つてはならない。
　　ニ　往診は，診療上必要があると認められる場合に行う。
　　ホ　各種の検査は，診療上必要があると認められる場合に行う。
　　ヘ　ホによるほか，各種の検査は，研究の目的をもつて行つてはならない。ただし，治験に係る検査については，この限りでない。
　二　投薬
　　イ　投薬は，必要があると認められる場合に行う。
　　ロ　治療上一剤で足りる場合には一剤を投与し，必要があると認められる場合に二剤以上を投与する。
　　ハ　同一の投薬は，みだりに反覆せず，症状の経過に応じて投薬の内容を変更する等の考慮をしなければならない。
　　ニ　投薬を行うに当たつては，医薬品，医療機器等の品質，有効性及び安全性の確保等に関する法律第14条の４第１項各号に掲げる医薬品（以下「新医薬品等」という。）とその有効成分，分量，用法，用量，効能及び効果が同一性を有する医薬品として，同法第14条又は第19条の２の規定による製造販売の承認（以下「承認」という。）がなされたもの（ただし，同法第14条の４第１項第２号に掲げる医薬品並びに新医薬品等に係る承認を受けている者が，当該承認に係る医薬品と有効成分，分量，用法，用量，効能及び効果が同一であつてその

形状，有効成分の含量又は有効成分以外の成分若しくはその含量が異なる医薬品に係る承認を受けている場合における当該医薬品を除く。）（以下「後発医薬品」という。）の使用を考慮するとともに，患者に後発医薬品を選択する機会を提供すること等患者が後発医薬品を選択しやすくするための対応に努めなければならない。
- ホ　栄養，安静，運動，職場転換その他療養上の注意を行うことにより，治療の効果を挙げることができると認められる場合は，これらに関し指導を行い，みだりに投薬をしてはならない。
- ヘ　投薬量は，予見することができる必要期間に従つたものでなければならないこととし，厚生労働大臣が定める内服薬及び外用薬については当該厚生労働大臣が定める内服薬及び外用薬ごとに1回14日分，30日分又は90日分を限度とする。
- ト　注射薬は，患者に療養上必要な事項について適切な注意及び指導を行い，厚生労働大臣の定める注射薬に限り投与することができることとし，その投与量は，症状の経過に応じたものでなければならず，厚生労働大臣が定めるものについては当該厚生労働大臣が定めるものごとに1回14日分，30日分又は90日分を限度とする。

三　処方せんの交付
- イ　処方せんの使用期間は，交付の日を含めて4日以内とする。ただし，長期の旅行等特殊の事情があると認められる場合は，この限りでない。
- ロ　前イによるほか，処方せんの交付に関しては，前号に定める投薬の例による。

四　注射
- イ　注射は，次に掲げる場合に行う。
  - (1)　経口投与によつて胃腸障害を起すおそれがあるとき，経口投与をすることができないとき，又は経口投与によつては治療の効果を期待することができないとき。
  - (2)　特に迅速な治療の効果を期待する必要があるとき。
  - (3)　その他注射によらなければ治療の効果を期待することが困難であるとき。
- ロ　注射を行うに当たつては，後発医薬品の使用を考慮するよう努めなければならない。
- ハ　内服薬との併用は，これによつて著しく治療の効果を挙げることが明らかな場合又は内服薬の投与だけでは治療の効果を期待することが困難である場合に限つて行う。
- ニ　混合注射は，合理的であると認められる場合に行う。
- ホ　輸血又は電解質若しくは血液代用剤の補液は，必要があると認められる場合に行う。

五　手術及び処置
- イ　手術は，必要があると認められる場合に行う。
- ロ　処置は，必要の程度において行う。

六　リハビリテーション
　　リハビリテーションは，必要があると認められる場合に行う。
六の二　居宅における療養上の管理等
　　居宅における療養上の管理及び看護は，療養上適切であると認められる場合に行う。
七　入院
　　イ　入院の指示は，療養上必要があると認められる場合に行う。
　　ロ　単なる疲労回復，正常分べん又は通院の不便等のための入院の指示は行わない。
　　ハ　保険医は，患者の負担により，患者に保険医療機関の従業者以外の者による看護を受けさせてはならない。

（歯科診療の具体的方針）
第21条　歯科医師である保険医の診療の具体的方針は，第12条から第19条の3までの規定によるほか，次に掲げるところによるものとする。
　一　診察
　　イ　診察は，特に患者の職業上及び環境上の特性等を顧慮して行う。
　　ロ　診察を行う場合は，患者の服薬状況及び薬剤服用歴を確認しなければならない。ただし，緊急やむを得ない場合については，この限りではない。
　　ハ　健康診断は，療養の給付の対象として行つてはならない。
　　ニ　往診は，診療上必要があると認められる場合に行う。
　　ホ　各種の検査は，診療上必要があると認められる場合に行う。
　　ヘ　ホによるほか，各種の検査は，研究の目的をもつて行つてはならない。ただし，治験に係る検査については，この限りでない。
　二　投薬
　　イ　投薬は，必要があると認められる場合に行う。
　　ロ　治療上一剤で足りる場合には一剤を投与し，必要があると認められる場合に二剤以上を投与する。
　　ハ　同一の投薬は，みだりに反覆せず，症状の経過に応じて投薬の内容を変更する等の考慮をしなければならない。
　　ニ　投薬を行うに当たつては，後発医薬品の使用を考慮するとともに，患者に後発医薬品を選択する機会を提供すること等患者が後発医薬品を選択しやすくするための対応に努めなければならない。
　　ホ　栄養，安静，運動，職場転換その他療養上の注意を行うことにより，治療の効果を挙げることができると認められる場合は，これらに関し指導を行い，みだりに投薬をしてはならない。
　　ヘ　投薬量は，予見することができる必要期間に従つたものでなければならないこととし，厚生労働大臣が定める内服薬及び外用薬については当該厚生労働大臣が定める内服薬及び外用薬ごとに1回14日分，30日分又は90日分を限度とする。

三　処方せんの交付
　　イ　処方せんの使用期間は，交付の日を含めて4日以内とする。ただし，長期の旅行等特殊の事情があると認められる場合は，この限りでない。
　　ロ　前イによるほか，処方せんの交付に関しては，前号に定める投薬の例による。
四　注射
　　イ　注射は，次に掲げる場合に行う。
　　　（1）　経口投与によつて胃腸障害を起すおそれがあるとき，経口投与をすることができないとき，又は経口投与によつては治療の効果を期待することができないとき。
　　　（2）　特に迅速な治療の効果を期待する必要があるとき。
　　　（3）　その他注射によらなければ治療の効果を期待することが困難であるとき。
　　ロ　注射を行うに当たつては，後発医薬品の使用を考慮するよう努めなければならない。
　　ハ　内服薬との併用は，これによつて著しく治療の効果を挙げることが明らかな場合又は内服薬の投与だけでは治療の効果を期待することが困難である場合に限つて行う。
　　ニ　混合注射は，合理的であると認められる場合に行う。
　　ホ　輸血又は電解質若しくは血液代用剤の補液は，必要があると認められる場合に行う。
五　手術及び処置
　　イ　手術は，必要があると認められる場合に行う。
　　ロ　処置は，必要の程度において行う。
六　歯冠修復及び欠損補綴
　　歯冠修復及び欠損補綴は，次に掲げる基準によつて行う。
　　イ　歯冠修復
　　　（1）　歯冠修復は，必要があると認められる場合に行うとともに，これを行つた場合は，歯冠修復物の維持管理に努めるものとする。
　　　（2）　歯冠修復において金属を使用する場合は，代用合金を使用するものとする。ただし，前歯部の金属歯冠修復については金合金又は白金加金を使用することができるものとする。
　　ロ　欠損補綴
　　　（1）　有床義歯
　　　　㈠　有床義歯は，必要があると認められる場合に行う。
　　　　㈡　鉤は，金位14カラット合金又は代用合金を使用する。
　　　　㈢　バーは，代用合金を使用する。
　　　（2）　ブリッジ
　　　　㈠　ブリッジは，必要があると認められる場合に行うとともに，これを行つた場合は，その維持管理に努めるものとする。
　　　　㈡　ブリッジは，金位14カラット合金又は代用合金を使用する。ただし，金

位14カラット合金は，前歯部の複雑窩洞又はポンティックに限つて使用する。
       (3) 口蓋補綴及び顎補綴並びに広範囲顎骨支持型補綴
           口蓋補綴及び顎補綴並びに広範囲顎骨支持型補綴は，必要があると認められる場合に行う。
    七　リハビリテーション
        リハビリテーションは，必要があると認められる場合に行う。
    七の二　居宅における療養上の管理等
        居宅における療養上の管理及び看護は，療養上適切であると認められる場合に行う。
    八　入院
        イ　入院の指示は，療養上必要があると認められる場合に行う。
        ロ　通院の不便等のための入院の指示は行わない。
        ハ　保険医は，患者の負担により，患者に保険医療機関の従業者以外の者による看護を受けさせてはならない。
    九　歯科矯正
        歯科矯正は，療養の給付の対象として行つてはならない。ただし，別に厚生労働大臣が定める場合においては，この限りでない。
  （診療録の記載）
  第22条　保険医は，患者の診療を行つた場合には，遅滞なく，様式第１号又はこれに準ずる様式の診療録に，当該診療に関し必要な事項を記載しなければならない。
  （処方せんの交付）
  第23条　保険医は，処方せんを交付する場合には，様式第２号又はこれに準ずる様式の処方せんに必要な事項を記載しなければならない。
  ２　保険医は，その交付した処方せんに関し，保険薬剤師から疑義の照会があつた場合には，これに適切に対応しなければならない。
  （適正な費用の請求の確保）
  第23条の２　保険医は，その行つた診療に関する情報の提供等について，保険医療機関が行う療養の給付に関する費用の請求が適正なものとなるよう努めなければならない。

［解説］
　多忙な診療に当たって，上記内容を逐一実施できていない保険医が多いのではないかと考えますが，いかがでしょうか。職歴や居住環境，服薬歴などすべての患者情報は把握できていますか。一般開業医と高度急性期病床の保険医では求められる医療の内容や説明の内容に大きな差もあります。医療機関の機能区分をするならば，上記の内容も区分が必要になっているようにも

考えます。

〔12〕医師法

保険診療は医師が行うのであり，この法規の範囲を守ることを要求されています。

第1条 医師は，医療及び保健指導を掌ることによつて公衆衛生の向上及び増進に寄与し，もつて国民の健康な生活を確保するものとする。

第19条 診療に従事する医師は，診察治療の求があつた場合には，正当な事由がなければ，これを拒んではならない。

2　診察若しくは検案をし，又は出産に立ち会つた医師は，診断書若しくは検案書又は出生証明書若しくは死産証書の交付の求があつた場合には，正当の事由がなければ，これを拒んではならない。

第20条 医師は，自ら診察しないで治療をし，若しくは診断書若しくは処方せんを交付し，自ら出産に立ち会わないで出生証明書若しくは死産証書を交付し，又は自ら検案をしないで検案書を交付してはならない。但し，診療中の患者が受診後24時間以内に死亡した場合に交付する死亡診断書については，この限りでない。

第21条 医師は，死体又は妊娠4月以上の死産児を検案して異状があると認めたときは，24時間以内に所轄警察署に届け出なければならない。

第22条 医師は，患者に対し治療上薬剤を調剤して投与する必要があると認めた場合には，患者又は現にその看護に当つている者に対して処方せんを交付しなければならない。ただし，患者又は現にその看護に当つている者が処方せんの交付を必要としない旨を申し出た場合及び次の各号の一に該当する場合においては，この限りでない。

　一　暗示的効果を期待する場合において，処方せんを交付することがその目的の達成を妨げるおそれがある場合
　二　処方せんを交付することが診療又は疾病の予後について患者に不安を与え，その疾病の治療を困難にするおそれがある場合
　三　病状の短時間ごとの変化に即応して薬剤を投与する場合
　四　診断又は治療方法の決定していない場合
　五　治療上必要な応急の措置として薬剤を投与する場合
　六　安静を要する患者以外に薬剤の交付を受けることができる者がいない場合
　七　覚せい剤を投与する場合
　八　薬剤師が乗り組んでいない船舶内において薬剤を投与する場合

第23条 医師は，診療をしたときは，本人又はその保護者に対し，療養の方法その他保健の向上に必要な事項の指導をしなければならない。

第24条 医師は，診療をしたときは，遅滞なく診療に関する事項を診療録に記載しなければならない。
2 前項の診療録であつて，病院又は診療所に勤務する医師のした診療に関するものは，その病院又は診療所の管理者において，その他の診療に関するものは，その医師において，5年間これを保存しなければならない。

〔13〕 歯科医師法

歯科医師も同様です。

第1条 歯科医師は，歯科医療及び保健指導を掌ることによつて，公衆衛生の向上及び増進に寄与し，もつて国民の健康な生活を確保するものとする。
第19条 診療に従事する歯科医師は，診察治療の求があつた場合には，正当な事由がなければ，これを拒んではならない。
2 診療をなした歯科医師は，診断書の交付の求があつた場合は，正当な事由がなければ，これを拒んではならない。
第20条 歯科医師は，自ら診察しないで治療をし，又は診断書若しくは処方せんを交付してはならない。
第21条 歯科医師は，患者に対し治療上薬剤を調剤して投与する必要があると認めた場合には，患者又は現にその看護に当つている者に対して処方せんを交付しなければならない。ただし，患者又は現にその看護に当つている者が処方せんの交付を必要としない旨を申し出た場合及び次の各号の一に該当する場合においては，その限りでない。
一 暗示的効果を期待する場合において，処方せんを交付することがその目的の達成を妨げるおそれがある場合
二 処方せんを交付することが診療又は疾病の予後について患者に不安を与え，その疾病の治療を困難にするおそれがある場合
三 病状の短時間ごとの変化に即応して薬剤を投与する場合
四 診断又は治療方法の決定していない場合
五 治療上必要な応急の措置として薬剤を投与する場合
六 安静を要する患者以外に薬剤の交付を受けることができる者がいない場合
七 薬剤師が乗り組んでいない船舶内において，薬剤を投与する場合
第22条 歯科医師は，診療をしたときは，本人又はその保護者に対し，療養の方法その他保健の向上に必要な事項の指導をしなければならない。
第23条 歯科医師は，診療をしたときは，遅滞なく診療に関する事項を診療録に記載しなければならない。
2 前項の診療録であつて，病院又は診療所に勤務する歯科医師のした診療に関する

ものは，その病院又は診療所の管理者において，その他の診療に関するものは，その歯科医師において，5年間これを保存しなければならない。

〔14〕 薬 剤 師 法

（調剤）
第19条 薬剤師でない者は，販売又は授与の目的で調剤してはならない。ただし，医師若しくは歯科医師が次に掲げる場合において自己の処方せんにより自ら調剤するとき，又は獣医師が自己の処方せんにより自ら調剤するときは，この限りでない。
一 患者又は現にその看護に当たつている者が特にその医師又は歯科医師から薬剤の交付を受けることを希望する旨を申し出た場合
二 医師法（昭和23年法律第201号）第22条各号の場合又は歯科医師法（昭和23年法律第202号）第21条各号の場合

［解説］
　薬剤師法では，多くの開業医が行ってきた院内調剤は例外的なこととなっています。ある日，突然，多くの仲間が普通に行っている調剤に対し，薬剤師法違反の罪責を問われても困ります。一方，多くの国民は，医療職である医師や歯科医師はこの条文を知っていて当然とも思っています。法令順守が叫ばれている時代でもありますので，しっかり考えるべきでしょう。

〔15〕 医 療 法

　医療機関の組織と診療行為を規定した基本的な法規であり，すべての医師が理解し，順守することを求められます。

第1条 この法律は，医療を受ける者による医療に関する適切な選択を支援するために必要な事項，医療の安全を確保するために必要な事項，病院，診療所及び助産所の開設及び管理に関し必要な事項並びにこれらの施設の整備並びに医療提供施設相互間の機能の分担及び業務の連携を推進するために必要な事項を定めること等により，医療を受ける者の利益の保護及び良質かつ適切な医療を効率的に提供する体制の確保を図り，もつて国民の健康の保持に寄与することを目的とする。
第1条の2 医療は，生命の尊重と個人の尊厳の保持を旨とし，医師，歯科医師，薬

剤師，看護師その他の医療の担い手と医療を受ける者との信頼関係に基づき，及び医療を受ける者の心身の状況に応じて行われるとともに，その内容は，単に治療のみならず，疾病の予防のための措置及びリハビリテーションを含む良質かつ適切なものでなければならない。
2　医療は，国民自らの健康の保持増進のための努力を基礎として，医療を受ける者の意向を十分に尊重し，病院，診療所，介護老人保健施設，調剤を実施する薬局その他の医療を提供する施設（以下「医療提供施設」という。），医療を受ける者の居宅等（居宅その他厚生労働省令で定める場所をいう。以下同じ。）において，医療提供施設の機能に応じ効率的に，かつ，福祉サービスその他の関連するサービスとの有機的な連携を図りつつ提供されなければならない。

[解説]

　医療は患者と医療者の相互信頼関係を基盤とし，個々の患者の心身の状態に適合する個別の医療提供を義務づけている点を理解しなければなりません。医療のIT化によりガイドラインなどによる画一的な医療提供が一般化しつつありますが，法が求めている患者の状態に応じた個別の医療に離反することのないように注意が必要です。ただし，最近は同意書などの契約を想起させる文書の交付が通常となり，医療が医療商品の取引になりつつあります。
　現場の医療と本法が乖離しないよう，今後，十分な検討がされるべきです。

第1条の4　医師，歯科医師，薬剤師，看護師その他の医療の担い手は，第1条の2に規定する理念に基づき，医療を受ける者に対し，良質かつ適切な医療を行うよう努めなければならない。
2　医師，歯科医師，薬剤師，看護師その他の医療の担い手は，医療を提供するに当たり，適切な説明を行い，医療を受ける者の理解を得るよう努めなければならない。
3　医療提供施設において診療に従事する医師及び歯科医師は，医療提供施設相互間の機能の分担及び業務の連携に資するため，必要に応じ，医療を受ける者を他の医療提供施設に紹介し，その診療に必要な限度において医療を受ける者の診療又は調剤に関する情報を他の医療提供施設において診療又は調剤に従事する医師若しくは歯科医師又は薬剤師に提供し，及びその他必要な措置を講ずるよう努めなければならない。
4　（略）
5　（略）

［解説］
　説明義務や同意義務や転医義務の根拠法令です．法令上，説明書やその同意書の署名や押印はこの丁寧な方法にすぎないとされます．しかし，請負契約的な医療ではそうともいえない部分もあり，現場の医療に混乱を生じている状態です．

〔16〕　労働契約法

（目的）
第1条　この法律は，労働者及び使用者の自主的な交渉の下で，労働契約が合意により成立し，又は変更されるという合意の原則その他労働契約に関する基本的事項を定めることにより，合理的な労働条件の決定又は変更が円滑に行われるようにすることを通じて，労働者の保護を図りつつ，個別の労働関係の安定に資することを目的とする．
（労働契約の原則）
第3条　労働契約は，労働者及び使用者が対等の立場における合意に基づいて締結し，又は変更すべきものとする．
2　労働契約は，労働者及び使用者が，就業の実態に応じて，均衡を考慮しつつ締結し，又は変更すべきものとする．
3　労働契約は，労働者及び使用者が仕事と生活の調和にも配慮しつつ締結し，又は変更すべきものとする．
4　労働者及び使用者は，労働契約を遵守するとともに，信義に従い誠実に，権利を行使し，及び義務を履行しなければならない．
5　労働者及び使用者は，労働契約に基づく権利の行使に当たっては，それを濫用することがあってはならない．
（就業規則による労働契約の内容の変更）
第9条　使用者は，労働者と合意することなく，就業規則を変更することにより，労働者の不利益に労働契約の内容である労働条件を変更することはできない．ただし，次条の場合は，この限りでない．
第10条　使用者が就業規則の変更により労働条件を変更する場合において，変更後の就業規則を労働者に周知させ，かつ，就業規則の変更が，労働者の受ける不利益の程度，労働条件の変更の必要性，変更後の就業規則の内容の相当性，労働組合等との交渉の状況その他の就業規則の変更に係る事情に照らして合理的なものであるときは，労働契約の内容である労働条件は，当該変更後の就業規則に定めるところによるものとする．ただし，労働契約において，労働者及び使用者が就業規則の変更によっては変更されない労働条件として合意していた部分については，第12条に該

当する場合を除き，この限りでない。

[解説]
　保険医と国は雇用関係にはありません。そのため，直接的にこの法規が適用されることはありません。しかし，保険医の医業経営は診療報酬の多寡により経済上の影響を受けます。保険診療報酬は，労働者の賃金と同様の側面を有しているといえるのではないでしょうか。この点では，国は診療報酬点数表により経済的側面で，保険医を労働者のごとく扱っています。医業経営の実態を考えると，国と保険医の関係においては，労働契約法の考え方も反映されるべきであるとも考えられます。

　診療報酬の決定に際し，現場で点数変更により損害の出る改定の場合，該当保険医の賛否を問うことは行われていません。有識者と称する一部の人たちが現場とは関係なく保険医の診療報酬を決定しています。保険医が診療報酬の解釈を自分流に決めてしまうことの1つは，この診療報酬点数の決定の方法の問題にも原因があります。少なくとも，減点改定の場合，現場の保険医の理解を得られるよう，その合理性や必要性が丁寧に説明されるべきです。

〔17〕　個人情報の保護に関する法律

（目的）
第1条　この法律は，高度情報通信社会の進展に伴い個人情報の利用が著しく拡大していることにかんがみ，個人情報の適正な取扱いに関し，基本理念及び政府による基本方針の作成その他の個人情報の保護に関する施策の基本となる事項を定め，国及び地方公共団体の責務等を明らかにするとともに，個人情報を取り扱う事業者の遵守すべき義務等を定めることにより，個人情報の有用性に配慮しつつ，個人の権利利益を保護することを目的とする。
（利用目的による制限）
第16条　個人情報取扱事業者は，あらかじめ本人の同意を得ないで，前条の規定により特定された利用目的の達成に必要な範囲を超えて，個人情報を取り扱ってはならない。
　2　個人情報取扱事業者は，合併その他の事由により他の個人情報取扱事業者から事業を承継することに伴って個人情報を取得した場合は，あらかじめ本人の同意を得ないで，承継前における当該個人情報の利用目的の達成に必要な範囲を超えて，当

該個人情報を取り扱ってはならない。
3 前2項の規定は，次に掲げる場合については，適用しない。
　一　法令に基づく場合
　二　人の生命，身体又は財産の保護のために必要がある場合であって，本人の同意を得ることが困難であるとき。
　三　公衆衛生の向上又は児童の健全な育成の推進のために特に必要がある場合であって，本人の同意を得ることが困難であるとき。
　四　国の機関若しくは地方公共団体又はその委託を受けた者が法令の定める事務を遂行することに対して協力する必要がある場合であって，本人の同意を得ることにより当該事務の遂行に支障を及ぼすおそれがあるとき。

（第三者提供の制限）
第23条　個人情報取扱事業者は，次に掲げる場合を除くほか，あらかじめ本人の同意を得ないで，個人データを第三者に提供してはならない。
　一　法令に基づく場合
　二　人の生命，身体又は財産の保護のために必要がある場合であって，本人の同意を得ることが困難であるとき。
　三　公衆衛生の向上又は児童の健全な育成の推進のために特に必要がある場合であって，本人の同意を得ることが困難であるとき。
　四　国の機関若しくは地方公共団体又はその委託を受けた者が法令の定める事務を遂行することに対して協力する必要がある場合であって，本人の同意を得ることにより当該事務の遂行に支障を及ぼすおそれがあるとき。
2 個人情報取扱事業者は，第三者に提供される個人データについて，本人の求めに応じて当該本人が識別される個人データの第三者への提供を停止することとしている場合であって，次に掲げる事項について，あらかじめ，本人に通知し，又は本人が容易に知り得る状態に置いているときは，前項の規定にかかわらず，当該個人データを第三者に提供することができる。
　一　第三者への提供を利用目的とすること。
　二　第三者に提供される個人データの項目
　三　第三者への提供の手段又は方法
　四　本人の求めに応じて当該本人が識別される個人データの第三者への提供を停止すること。
3 個人情報取扱事業者は，前項第2号又は第3号に掲げる事項を変更する場合は，変更する内容について，あらかじめ，本人に通知し，又は本人が容易に知り得る状態に置かなければならない。
4 次に掲げる場合において，当該個人データの提供を受ける者は，前3項の規定の適用については，第三者に該当しないものとする。
　一　個人情報取扱事業者が利用目的の達成に必要な範囲内において個人データの取扱いの全部又は一部を委託する場合
　二　合併その他の事由による事業の承継に伴って個人データが提供される場合

三　個人データを特定の者との間で共同して利用する場合であって，その旨並びに共同して利用される個人データの項目，共同して利用する者の範囲，利用する者の利用目的及び当該個人データの管理について責任を有する者の氏名又は名称について，あらかじめ，本人に通知し，又は本人が容易に知り得る状態に置いているとき。
5　個人情報取扱事業者は，前項第三号に規定する利用する者の利用目的又は個人データの管理について責任を有する者の氏名若しくは名称を変更する場合は，変更する内容について，あらかじめ，本人に通知し，又は本人が容易に知り得る状態に置かなければならない。

［解説］
　指導でのカルテの閲覧は岐阜県では平成21年10月のＴ歯科医師の個別指導までは本法16条3項の1号により許されていることになっていました。その時点での異議申立てにより，厚労省は4号によると訂正しています。この点では違法の問題はないかのように思われますが，法の透明性を図る行政指導で「当該事務の遂行に支障」があるのかは議論があります。さらに，個人情報とは別に刑法134条の秘密漏示の罪を排除できているわけではありません。現に，同罪の罪責は指導対象者にあり，指導官は無関係と説明しています。個人情報の管理が重視される時代背景を考えれば，カルテの開示には慎重を期すべきです。

事項索引

あ 行

アスベスト ……………………… 10
医療法 ……………………… 8, 10
医療倫理 ……………… 8, 10, 11, 12, 15

か 行

架空請求 ……………… 36, 38, 39, 40
過誤請求 …… 23, 24, 31, 38, 41, 43, 61, 70, 88, 92
川崎民商事件 ………………… 41, 48
監査の選定基準 ……………… 71, 79
監査返還金 ………… 23, 28, 33, 34
監査要綱 …………………… 51, 72
管理料 ……………………… 15, 18
行政官 ………………………… 3
行政手続法 …… 40, 43, 45, 48, 49, 51, 58, 61, 69, 76, 77
行政評価機構 ………………… 43
行政法 ……………………… 19, 20
業務上過失致死傷罪 ……………… 47
刑事訴訟法 ………… 76, 78, 82, 85
刑 法 ……………………… 42
契約締結型医療 ………………… 14
契約法理 …………………… 19, 20
健康保険法 …… 9, 11, 42, 46, 51, 52, 58, 69, 72, 77, 81, 82
憲 法 ………… 9, 45, 48, 49, 59, 62
効果帰属要件 …………………… 14
厚労省と日本医師会及び日本歯科医師会との申し合わせ ……………… 52, 70
国民健康保険法 ………………… 51
個人情報保護法 ………………… 42

さ 行

詐欺罪 ……………………… 47
支援ネット ……………… 66, 67, 83
自己決定権 ………………… 12, 13
指導大綱 ……………… 51, 59, 68, 73
指導の選定基準 ………………… 58
指導返還金 …… 23, 28, 30, 31, 33, 34, 43
診療ガイドライン ………………… 9
診療報酬 …… 4, 15, 21, 23, 39, 41, 46, 61, 71, 91
診療報酬支払機関 ………………… 4
診療報酬請求の適正 ……… 5, 11, 16
診療報酬点数表 ……… 4, 9, 16, 46, 55

た 行

立会人 …… 8, 40, 42, 48, 64, 65, 66, 81, 84
地方保険医療協議会 ……………… 48
聴 聞 ……………………… 42
──と地方医療協議会 ……………… 84
付増請求 ……………… 5, 36, 38, 40
適時調査 …………………… 28, 86
手続規則 ……………………… 69
同意原則 ……………………… 12
富山連続婦女暴行冤罪事件（氷見事件） ……………………… 80

な 行

成田訴訟 …………………… 58, 77
二重請求 ……………… 5, 38, 40
日弁連の意見書 ………………… 63

は 行

ハインリッヒの法則 …………………… *20*
ヒポクラテス …………………… *11, 13, 63*
フーヘランド ……………………………… *11*
振替請求 ……………………… *5, 36, 39, 41*
保健師助産師看護師法 ………………… *8*
細見訴訟 …………………………… *39, 63, 76*

ま 行

水増し請求 ……………………………… *40*

溝部訴訟 ……… *19, 37, 39, 52, 63, 66, 92*

や 行

薬剤師法 ………………………………… *8*

ら 行

療養担当規則 ………………… *5, 8, 46, 71*

■著　者

大島　健次郎

【略歴】

昭和49年岐阜大学医学部医学科卒業。卒業後，国立公衆衛生院（現，国立保健医療科学院）で研修，岐阜大学病院，岐阜県立岐阜病院勤務後，平成5年より20年間大腸中心の消化器内視鏡専門医療機関を開業。開業後，50,712件の大腸内視鏡検査，大腸進行がん1,187例，早期がん1,750例を診断治療した。その生命延長効果は20年間で26.996年であった。平成25年より大垣徳洲会病院副院長・岐阜大学臨床教授・岐阜県保険医協会副会長。

この間，インフルエンザ・川崎病・大腸扁平型陥凹型早期癌・大腸ポリープ・止血鉗子・難治性十二指腸潰瘍の心身医学的研究・消化管固形がんの化学療法・大腸がん検診などについての内科学会・消化器病学会・消化器内視鏡学会などでの発表多数，指導・監査問題についての発表や相談対応，執筆も多数。医療講演のほか，最近は高点数医療機関の個別指導の経験から，医療関係法令と医療倫理・医療事故調査問題を中心に執筆活動中である。

保険医の指導・監査問題とその解決
──解決に向けた具体的提案

2015年9月28日　初版第1刷印刷
2015年10月15日　初版第1刷発行

著　者　大　島　健次郎

発行者　逸　見　慎　一

発行所　東京都文京区本郷6丁目4-7　株式会社　青林書院

振替口座　00110-9-16920／電話03（3815）5897～8／郵便番号113-0033
ホームページ☞ http://www.seirin.co.jp

印刷／星野精版印刷　落丁・乱丁本はお取り替え致します。
©2015　大島
Printed in Japan

ISBN 978-4-417-01666-3

JCOPY 〈(社)出版者著作権管理機構　委託出版物〉
本書の無断複写は著作権法上での例外を除き禁じられています。複写される場合は，そのつど事前に，(社)出版者著作権管理機構（電話03-3513-6969，FAX03-3513-6979，e-mail: info@jcopy.or.jp）の許諾を得てください。